インド仏教の歴史

「覚り」と「空」

竹村牧男

学術文庫版へのまえがき

今、時代は何も見えていないのかもしれない。生きるということはどういうことなのか、何のために生きるのか、その答えが見つからないままにいるように思う。かつてあった価値観が崩壊し、未だ新しい価値観が定まらない、その意味での閉塞状況にあって、今、人は生きることの意味を切実に尋ねているように思う。

この時代がそうであるだけでなく、もとより仏教は、人は無明長夜の闇路を歩いていると説いてきた。もし我々が今、二重の意味で何も見えていないとするなら、ここはもう心静かに、先徳が深く人生を問うた、その跡を辿ってみたらどうであろうか。幸い、東洋には仏教という、変革期ごとに時代の価値観を創造してきた哲学がある。それは現代の知の批判にも耐え、時代を超えて変らない真理を伝えている。このような時代にこそ、仏教思想は顧られるべきであろう。

本書は、釈尊より大乗仏教の唯識《ゆいしき》まで、インド仏教の思想史をコンパクトにまとめたものである。釈尊の思想・説一切有部《せついっさいうぶ》の思想・大乗経典の思想・龍樹《りゅうじゅ》の思想（中《ちゅう》観《がん》）・無著《むじゃく》と世親《せしん》の思想（唯識）等を、縦断して描述した。ただし単に知識の列挙ですませたつもりはない。覚体験ともいうべきひとつの宗教体験をもとに、自己と世界との真実を掘り下げてきた仏教者たちの、その問いと思索の展開を追跡したつもりである。

もちろん、けっして詳細を尽くしたものではないにせよ、この拙い思想史の中に、読者の方が何か生きることへのヒントを得てくだされば幸いである。そして現実世界を何ほどか力強く生きていっていただければと思うのである。

なお、私は今、大学において主に日本仏教史を講義しているが、その背景にインド仏教があったことをいつもかみしめている。我々の心のふるさとともいうべき日本仏教の思想と文化を深く味わうためにも、インド仏教の諸思想を知っておくことはとても重要である。本書は、その助けともなってくれることと思う。

本書の前身は、講談社現代新書の『「覚り」と「空」』であった。おおよそ十年前の作である。ここ数年、品切れになっていて残念に思っていたが、今回、こうして講談社学術文庫に加えていただくことができた。

再刊にあたっては、多少の補正は施したものの、内容は前のままである。ともあれ、東南アジアや中国・日本・チベット等、多彩な仏教思想のその原点にあるインド仏教の思想史を、再び上梓できたことは望外の事であり、関係各位に心から御礼申し上げる次第である。

平成十五年十二月八日

つくば市故道庵にて

竹村牧男

はしがき

仏教は、一般に、初期仏教（原始仏教、根本仏教ともいう）・部派仏教・大乗仏教と分類される。さらに、大乗仏教と区別される密教も存在する。

初期仏教は、釈尊《しゃくそん》（紀元前四六三―三八三年）とその直弟子たちの教えである。釈尊の説法は、『阿含経《あごんぎょう》』（東南アジアの上座《じょうざ》部仏教ではパーリ語による『ニカーヤ』）に伝えられている。

部派仏教とは、釈尊の教団のその後の仏教で、釈尊の入滅（仏滅）からおよそ百年以降に幾多の教団（部派）に分裂した時代の仏教である。釈尊の説法の理論的整理が進み、その哲学的思索も細密となり、アビダルマ（対法）という、いわば存在の分析をその本領とした。東南アジアには、その中の上座部の系統を引く仏教が弘まっている。

大乗仏教は、西紀紀元前後に興《おこ》った新仏教である。文学的にも優《すぐ》れた経典を多く産み、空《くう》の哲学や唯識《ゆいしき》の哲学も育《はぐく》んだ。この大乗仏教は、中国や朝鮮・日本、またチベットなどにも伝播《でんぱ》し、それぞれの地でさらに独自の展開をとげている。

七―八世紀以降のインドでは、大乗仏教をうけつぎつつもこれを批判的に超克しようとし、成仏《じょうぶつ》の方法論において独自の主張をなす密教がさかんとなる。ナーランダー寺をはじめ、仏教研究の中心となった各地で密教化が進んだ。

本書は、主にインドにおける、釈尊以後、密教以前までの仏教の思想的展開を追跡したものである。一口に仏教といっても、実は上述のように多様なものがあり、たとえば、いわゆる小乗仏教（部派仏教）と大乗仏教とは、互いに相容《あいい》れない側面さえある。大乗仏教内部においても激しい対立を来し、中観《ちゅうがん》派と瑜伽行《ゆがぎょう》派（唯識学派）との間で、さかんに論争がなされたりもしたのであった。

しかし、それらも一様に仏教であるとは、仏教徒自身に認められていたようで、問題はそれらの間の優劣なのであった。こうして、インドにおいても、いつしか教相判釈（思想の高さの比較決定）がなされたりしたのである。

もっともその優劣は、仏道に自己を問おうとする主体の資質・能力との関係において定まってくるべき側面もあり、必ずしも一義的に決定されるものでもなかった。

ともあれ、相当多様な仏教が同じ仏教としてくくられる以上、そこに何か一貫した立場や共通の思想がなければならないであろう。いったい、それは何に求められようか。

本書において、私は、釈尊の覚《かく》を私なりに吟味し、仏教史をその覚の展開としてとらえようとした。それはまた、「空」の思想の意味と体系を追求していくことでもあった。このことを軸としつつ、簡明な仏教史を構成しようとしたのである。

それは、浅学菲才の私にはとても身に余る仕事であったけれども、いずれ私の仏教研究の根底においてなされるべき仕事であった。このたび、この一つの足場を作る機会を与えて下さった講談社の川崎敦子さんには、心からお礼申し上げたい。

なお、第一章「仏教の原点」で述べた釈尊の生涯と思想については、中村元『ゴータマ・ブッダ』(中村元選集第十一巻、春秋社)に多く拠らせていただいた。このことを特にここに記して、謝意を表したい。その他、多くの先生方の研究成果を参考にさせていただいたことも、いま一々お名前をあげることはしないが、心から謝意を表したく思う。

本書には、ひとりよがりの点、思い違いの点など、多々あるかもしれない。大方の御叱正を切に願う次第である。

もし、それでもこの書が、大河の流れのような仏教の底流を何ほどか伝ええた部分があるとすれば、およばずながらありがたく思うのである。

平成三年十二月八日成道会の日に

竹村牧男

目次

インド仏教の歴史

「覚り」と「空」

第一章　仏教の原点——ゴータマ・シッダッタの目覚め

1　仏教の根底にあるもの

菩提樹の下の目覚め

ガンジス河は、インド北東部に広大な沃野を形成する。そのガンジス河の一支流に、昔、ネーランジャラー河（尼蓮禅河。汚れなきものの意）と呼ばれた河が流れている。支流とはいえ、その流水は漫々《まんまん》とたたえられ、朝夕の陽光には一面、朱に輝くのであった。

その流域のある場所に、高さ五十二メートルという、石造の大きな塔が建っている。その裏側には、イチジク科の一本の樹が、大きく枝を広げて時の流れを聞いている。もちろん、この木を菩提樹《ぼだいじゅ》と呼ぶのは、釈尊がその蔭に坐禅して、無上の菩提《ぼだい》(bodhi　覚《さと》り）に達したからに他ならない。今もこの木の下、その大塔の裏側に、金剛宝座がしつらえられており、釈尊の成道《じょうどう》（この「道」とは菩提のこと、つまり「成道」とは「覚りの実現」のこと）を無言のうちに示している。仏教は、この釈尊の成道という覚体験と、それをふまえた説法とから成立する。

仏教の開祖を釈尊と呼ぶのは、釈迦《しゃか》族の聖者、尊者（サクヤ・ムニ）という意味からである。元の名を、ゴータマ・シッダッタ（ゴータマは姓で、最良の牛の意。シッダッタは名で、目的を成就したの意）といい、成道してのちはブッダとも呼ぶ。「ブッダ」というのは、「目覚めた者」「覚者」という意味である。したがって、仏教（仏陀《ぶつだ》の教え）とは、本来は「覚者の教え」ということであり、その根底に「目覚め」ということ、「覚り」ということがあることを忘れてはならないであろう。

「経」と「律」について

以下、本章では、釈尊の生涯と教えについて述べていくが、ここであらかじめ、釈尊に関する文献について記しておこう。

釈尊の教えは、入滅のとき（紀元前三八三年）、ただちに編集されたが、それは経《きょう》（釈尊の説法集）と律《りつ》（修行共同体のメンバーの守るべき規則）との二つに分かれる。現在伝えられる経や律は、釈尊の教団がのちに細かく分裂した、その各々《おのおの》の教団（部派という）において伝承されたもので、あとからの加増（増広）もかなりあるものである。

このうち経は、中国には『阿含経《あごんきょう》』として翻訳された。阿含とはアーガマの音写で、伝承を意味する。『法華《ほけ》経』や『華厳《けごん》経』などは経といっても、後世（西紀紀元以後）に大乗仏教徒が制作したもので、釈尊の直説は、『阿含経』にまとめられているのである。

『阿含経』には、四種ある。『長阿含経』『中阿含経』『雑《ぞう》阿含経』『増一《ぞういつ》阿含経』である。

この『阿含経』に相当するものが、東南アジアなどに伝わる仏教（上座部仏教）にも伝えられている。スリランカにはパーリ語で伝えられたが、それはアーガマといわず、「ニカーヤ」という。これには、『ディーガニカーヤ』（長部）・『マッジマニカーヤ』（中部）・『サンユッタニカーヤ』（相応部）・『アングッタラニカーヤ』（増支部）・『クッダカニカーヤ』（小部）の五つがある。最後のひとつを除いて、順に先の漢訳四阿含と対応する（内容がほぼ等しい）。

『クッダカニカーヤ』は、要するにその他の経典ということだが、このなかに、釈尊の説法に関する文献としては現存最古といわれる『スッタニパータ』や『ダンマパダ』など、大乗仏教から見ても重要な経典がおさめられている。

『阿含経』や『ニカーヤ』にはそれぞれ、そのなかに多くの説法がおさめられていて、そのひとつひとつを、経（スッタ）と呼ぶ。たとえば、『マッジマニカーヤ』のなかには、釈尊がみずからの求道《ぐどう》の跡《あと》を語った部分があり、それは「聖求《しょうぐ》経」と呼ばれている。『クッダカニカーヤ』のなかの『ダンマパダ』は、中国に『法句《ほっく》経』として訳されている（『クッダカニカーヤ』の部分的な漢訳はあるのである）。

このように、釈尊の説法は基本的に、四種類およびその他にまとめられたのであった。ただし漢訳は、ちょうど四阿含あるものの、それぞれが伝持された部派は異なっている。

律も、部派ごとに伝承されたのは当然で、上座部系統のパーリ語による律蔵《りつぞう》（蔵は文献群のこと）があるほか、漢訳では、法蔵《ほうぞう》部の四分律、説一切有部《せついっさいうぶ》の十誦《じゅうじゅ》律、化《け》地《じ》部の五分律、大衆《だいしゅ》部の摩訶僧祇《まかそうぎ》律、根本説一切有部《こんぽんせついっさいうぶ》律の五種類がある。

律蔵は、大きく分けて、個人の守るべき戒律の条文と、教団運営（会議等）のための規則とからなる。この後者に、「マハーヴァッガ」＝「大品《だいほん》」と呼ばれる部分があり、ここに、釈尊の伝記（仏伝）がおさめられている。もちろん、経のほうにも仏伝がある。以下の記述は、主としてこうした文献によるものである。

なお、本章と第二章のはじめの部分に限り、固有名詞・術語等は、原則としてパーリ語に拠った。他章では、サンスクリットに拠っている。

2　シッダッタの出家

母の死

シッダッタが生まれたのは、紀元前四六三年と考えられている。入滅が紀元前三八三年と考えられており、それからの逆算によるのである。

かれは、今日のネパール近辺に位置した釈迦族という小さな部族国家の首長の長男として生まれた。首長ははじめ自由選挙で選ばれたのち世襲となったもので、国の政体はむしろ共和制であったという。周辺の大国、マガダ国やコーサラ国などに翻弄《ほんろう》されても仕方がない弱小国家であったが、時代は全般にようやく商工業が発達してきたころで、都市の発達も見られるようになっていた。いきおい、旧来の慣習や世界観にとらわれずに自己の人生を自由に追求する気風も、時代のなかに醸成されつつあった。

農村を中心とする旧来の社会構造に密着した伝統的宗教の担い手は、バラモンであったが、自由に道を求めて思索と行《ぎょう》とに身を投じる人々を、シャモン（samaṇa

努める人の意）という。やがて仏教を弘めるゴータマ・シッダッタも、そういう多くのシャモンのなかのひとりであった。社会構造や価値観の変動期にあって、シッダッタは真に確かなものを求めていたのである。以下、このゴータマ・シッダッタを、かの釈迦族の聖者の意の、釈尊と呼ぶことにしよう。

その釈尊の生涯が、種々の伝説に彩《いろど》られることは止むを得ないことである。誕生に関しても、たとえば禅宗では、生まれるや否《いな》やただちに七歩周行して、一指は天を指し一指は地を指して、「天上天下《てんじょうてんげ》唯我《ゆいが》独尊《どくそん》」と喝破《かっぱ》したという。宇宙いっぱいにほとばしる無垢《むく》の一声を、禅的に表現したものであろうが、覚者釈尊の伝記としては、およそこのような奇瑞は取り上げるまでもないであろう。

しかし、釈尊が生まれて七日後に母マーヤー夫人が亡くなり、母の妹のマハーパジャーパティーに育てられたという伝えは、何ほどか真実を伝えているようである。

やがて成長するにしたがって、実の母を死によって失っていたと知ったとき、釈尊はどう思ったであろうか。無性《むしょう》に母に会いたいという思いが、日増しにつのるようなことはなかったであろうか。それは、自己の存在をもたらした根源への郷愁、いや渇《かわ》きにも他ならなかったであろう。何か大事なものが欠落しているとの思いが、いつしか釈尊を修行にかりたてたのかもしれない。

豪奢な幼少時代

もちろん、釈尊の日常の生活そのものは、けっして不満や渇きを覚えさせるようなものではなかった。かえって父君の慈愛や叔母の情愛は、世間のそれをはるかにしのいだことであろう。物質的にも精神的にも、釈尊はけっして不自由のない、むしろ満ち足りた毎日を送っていたのである。

釈尊は後年、サーヴァッティー国の祇樹給孤独園《ぎじゅぎっこどくおん》（祇園精舎《ぎおんしょうじゃ》）にあって、修行者たちに自分の少年時代のことを、次のように述べたという。

わが父の邸には蓮池が設けられてあった。そこには、或る処《ところ》には青蓮華《れんげ》が植えられ、或る処には紅蓮華が植えられ、或る処には白蓮華が植えられてあったが、それらはただわたくし（を喜ばす）ために為《な》されたのであった。わたくしは（よい香りのする）カーシー（＝ベナレス）産の栴檀香《せんだんこう》以外には決して用いなかった。わたくしの被服はカーシー産のものであった。襯衣《したぎ》は、カーシー産のものであった。内衣はカーシー産のものであった。（邸内を散歩するときにも）寒・暑、塵《ちり》、草、（夜）露がわたくしに触れることのないように、実にわたくしのために昼夜とも白い傘蓋《さんがい》がたもたれていた。そのわたくしには、三つの宮殿があった。一つは冬のため、一つは夏のため、一つは雨季のためのものであった。それでわたくしは雨季の四ヶ月は雨季に適した宮殿において女だけの伎楽《ぎがく》にとりかこまれていて、決して宮殿から下《お》りたことはなかった。他の人々の（一般の）邸では、奴僕《ぬぼく》・傭人《ようじん》・使用人には屑《くず》米《まい》の飯《めし》に酸《す》い粥《かゆ》をそえて与えていたが、わたくしの父の邸では奴僕・傭人・使用人には白米と肉との飯が与えられた。

（『アングッタラニカーヤ』。訳は『中村元選集』第十一巻「ゴータマ・ブッダ」春秋社、昭和五十四年に拠る。なお、以下のパーリ語文献の訳文も同書に拠った）

このことが事実かどうかは確かめようもないが、インド王家の生活を対比させたとき、けっして誇張にすぎることはない。おそらく釈尊は、いやというほどに豊かさを享受していたのである。それも自分が努力して築きあげたものではなく、みずから労働する楽しみもなく、与えられつづけたのであった。

豊かさの極みの苦悩

かなりのちのことになるが、釈尊が成道してのち、教化活動に挺身《ていしん》していたあるころ、ベナレスのヤサという富商の子を導き、出家させたことがあった。ヤサの出家をきっかけに、ヤサの父母、妻、友人ら数十人も、同様に釈尊の教化をうけて出家するのであるが、このヤサも、三つの宮殿をもち、雨季には四ヵ月間、雨季のための宮殿で女性だけの伎楽（音楽）にもてなされて、宮殿から下に降りなかったという。

ヤサはこの歓楽の生活のなかで、ある晩、すべての者が眠りに落ちて、ただ灯火のみが小さな焔《ほのお》をゆらしているころ、ひとり目覚めたことがあった。そこで見たのは、「或るものは琵琶《びわ》を脇にかかえ、或るものは小鼓《こつづみ》を頸《くび》にあてて、或るものは鼓を脇に置き、或るものは髪を乱し、或るものは涎《よだれ》を流し、寝ごとを言ってい」る光景であった（「マハーヴァッガ」）。このときヤサは、墓場が現れたみたいだと思ったという。

この体験がヤサの出家の動因をなしたのであったが、釈尊についても、ある伝記にはまったく同様のことが述べられている（『五分律』）。事実はともあれ、父君らの寵《ちょう》愛《あい》を一身にうけた釈尊が、あふれるばかりの豊かさゆえの非人間的な生活を余儀なくされるなかで、漠然とした苦悩を病みつつあったということは充分考えられよう。

仏教は、人間の苦しみというものを原点として、それからの解放を説く宗教である。その苦しみの原点とは、貧・病・争といった現実に感受される負的な苦痛であるよりは、欲望のあまりに豊満な充足にあったようである。エロスの極《きわ》みにタナトス

（死）との境目《さかいめ》が消えかかる地平にたたずんで、やりきれない苦悩を身にしみて感じたのが、釈尊の覚りへの道のそもそものはじめなのであった。

「死に至る病」の自覚

やがて釈尊は結婚し、一子ラーフラを得る。妻の名は、一般にヤソーダラーといわれている。男子が誕生し、順調に成育するのを見て、釈尊は必ずしも自分が首長を継がなくても大丈夫と考えたのかもしれない。あるときを期して、釈尊は年来の願望であった出家を遂げたのであった。釈尊二十九歳のときである。

前に、釈尊の出家の背景には豊かさゆえの病があったのではないかと記した。その病を地層として、人間の苦しみというものが次のような形で自覚されたのである。

わたくしはこのように裕福で、このように極めて優しく柔軟であったけれども、次のような思いが起こった、……

愚かな凡夫は、みずから死ぬもので、また死を免《まぬが》れず、他人が死んだのを見て、考え込んでは、悩み、恥じ、嫌悪している。われもまた死ぬもので、死を免れない。自分こそ死ぬもので、同様に死を免れないのに、他人が死んだのを見ては、悩み、恥じ、嫌悪するであろう、――このことはわたくしにはふさわしくない、と言って。わたくしがこのように観察したとき、生存時における生存の意気は全く消え失せてしまった。（『アングッタラニカーヤ』）

実は、この死への内省の前には、老および病へのまったく同様の内省がある。つまり、人間存在の謎・矛盾・危機が、老・病・死の苦しみとして自覚されたのである。といっても、けっして実際に釈尊にこれらの苦しみが迫っていたわけではない。釈尊がそのとき、死に瀕《ひん》していたりしていたわけではない。むしろ若さのただなかにあり、健康を誇るなかで、すでに死にさし向けられているという、本来の人間の実相に気づいているのである。

老も病も、結局は死へとつながるものである。風邪をひいて熱を出しているときの苦しみより、今とりたてて不都合はないものの、癌《がん》にかかっていると宣告されたときの苦しみは、はかり知れないほど大きいであろう。死は、自己を根底から否定するものである。

けれども、癌にかかろうがかかるまいが、生まれたときより人間は、いつの日かの死を宣告された存在なのであり、しかもこのことを自覚する存在なのである。本来、人間は今すでに死あるいは無に侵食され、死あるいは無にさらされているのだ、という事実が明らかに見つめられたとき、釈尊には、人間に本質的な、逃れようのない苦というものが、はっきり自覚されたのであった。五感のすべてが飽和したような生活のなかに感じていた存在の不安が、そのような形で明確に突き止められたのである。

　しかも釈尊の内省は、それだけではなかった。前の釈尊の言葉を見ると、老・病・死への存在であるとの自覚だけでなく、それを自覚しつつもそのことを見まいとし、どこかへ押しやろうとしている自己の自覚もが含まれている。すでに絶望的状況に投げ出されている。しかもその絶望的状況の事実をことさら見まいとする、さらに危機的・絶望的な状況をみずからつくり出している。そのふたつがないまぜになって、釈尊は自己に絶望するのであった。

　そのような自己のあり方は、まさにキルケゴールのいうような「死に至る病」であることを、釈尊は深く自覚していたのであろう。

自己を求める

　釈尊はどうしても、そこを打開せずにはいられなかった。釈尊の絶望が真に危機的になればなるほど、釈尊を目覚めへと誘う何ものかが働いたということであろうか。

釈尊は、死なない世界を求めずにはいられなかった。

さあ、わたくしは、みずから生まれるものではあるけれども、生まれることがらのうちに患《わずら》いのあるのを知り、不生・無上なる安穏《あんのん》であるニルヴァーナを求めよう。わたくしはみずから老い、病み、死に、憂《うれ》い、汚《けが》れたものではあるけれども、それらのことがらのうちに患いのあるのを知り、不老・不病・不死・不憂・不汚である無上の安穏・ニルヴァーナを求めよう。（「聖求経《しょうぐきょう》」）

釈尊が出家時に、この経文のとおりに意識していたかどうかはわからない。しかし釈尊の生涯をあとから見れば、まさにこういわざるを得ないのである。

もちろん、不生《ふしょう》・不死《ふし》の涅槃を求めたといっても、それは無常な存在から永遠不変の何ものかに変わってしまおうとしたということではない。むしろそれは、本来の自己のありように落ち着きたい、真実の自己を究明したい、ということである。

これもまた後世のつくり話であろうが、釈尊が教化にたずさわっていたあるとき、かつて覚りを開いた地であるウルヴェーラーに向かう途中で、こんなことがあったという。

釈尊はある密林に入って、一樹の下に坐した。そのとき三十人の友人たちが、夫人同伴で遊びにきていた。そのうちのひとりは夫人がいなかったので、かれのために遊女を連れてきていた。その遊女は、皆が遊んでいるうちに、皆の持ちものを奪って逃げてしまった。三十人の友人たちは、その女を探《さが》し求めて密林をさまよっているうちに、樹下に坐る釈尊に出会った。かれらは、釈尊に女のゆくえを尋ねたが、このとき釈尊は、次のようにいったという。

青年たちよ。きみらはどう考えますか？　きみたちが婦女を探し求めるのと、自己（attā）を探し求めるのと、きみたちにとってどちらがすぐれていますか？

（「マハーヴァッガ」）

皆は自己を探し求めることのほうがすぐれているといい、そこで釈尊は説法した。前に見たヤサを教化したときなども同様なのだが、こうしたとき、釈尊は入りやすい教えからはじめて順々に高い教えを説くのであった（それを次第説法という）。

ここで釈尊は、「自己を探し求め」はしないのか、と問いかけている。端的に、真に大事な唯一のことを提起しているのである。ひるがえって釈尊の出家もまた、存在の不安から死への存在の自覚のなかで、真実の自己を探し求めての出家であったというべきであろう。

釈尊の家出と愛馬カンタカの涙

釈尊が実際に宮殿を出たのは、夜半であったという。生きとし生けるものすべてが紺青《こんじょう》の睡《ねむ》りに身を潜《ひそ》めているころ、ただひとりの従者と一頭の馬が、途中、国境までつきそった。その馬にも、尋常でないようすは知られたであろうか。のちにこの馬は、カンタカという名であり、釈尊の誕生と同時に生まれた……との物語がつくられていく。

カンタカは、釈尊の「さあ、わたしを連れて行ってくれ。わたくしは最上のさとりに達して世をすくおう」という言葉に、喜び勇んで釈尊を乗せていった。しかし国境にたどり着くと、もはや釈尊を見送ることしかできない。「わたくしはかれの足の銅色の爪を舌を以《も》って嘗め、偉大な英雄の去って行くのを、涙して見送りました。わたくしは、かの幸いある者、シャカ族の子を失ったので、重い病を得、すぐ死にました。」(「ヴィマーナヴァットゥ」)。

カンタカの涙は、釈尊の出家の場面に登場せず、夜のとばりに包まれてものいわぬ家族の涙でもあった。

　国境は釈尊にとって、王家から出家へ、太子から沙門へ、俗から聖へ、飽和から孤貧へ、の境界でもあった。こちら側をふりかえりもせず、釈尊は異界を進んでいく。すでに夜は白々と明けつつあった。

3　ブッダの覚りと十二縁起

ヨーガによる修行

　釈尊がめざしたのは、当時の大国マガダ国の首都、ラージャガハ（王舎城）である。日本からパリやニューヨークなどに留学するようである。そこで、おそらく当時一級の宗教家であったアーラーラ・カーラーマについて修行して、無《む》所有《しょう》処定《しょじょう》を得、またウッダカ・ラーマプッタについて修行して、非想非非想処定《ひそうひひそうしょじょう》を得たという（定《じょう》とは禅定《ぜんじょう》のこと、心を統一して澄ませていくことである）。いわば、心の統一の相当に深い境地を、ヨーガの修行によって得たのである。

のである。

しかし釈尊は、これに満足できなかった。それでは未《いま》だ自己の課題は解決したとは思えなかったのである。真に人間の根源的な苦しみを脱却し得たとは思えなかったのである。

だからといって、こうした禅定を体得したことが、全然意味がなかったわけではない。のちに仏教の教理が整理されたとき、迷いの世界（生死輪廻《しょうじりんね》する間に住む世界）の境涯は、欲《よく》界・色《しき》界・無色《むしき》界の三界に分けられた。欲界は、見るもの、聞くものに欲望のうずまく世界であり、下から順に、地獄・餓鬼《がき》・畜生《ちくしょう》・修羅《しゅら》・人間・天上と、六つの世界がある。六道《りくどう》輪廻とか六趣《りくしゅ》輪廻とかいわれるときの六道・六趣のことである。天上という、いわば神々の世界に、その欲界の天の他、さらに色界・無色界の天がある。色界は感覚の存在する世界だが、無色界は感覚の消えた、さらに深い禅定の世界である。そこは、空無辺処・識無辺処・無所有処・非想非非想処という名の四つの世界に分類される。

これら欲界・色界・無色界の三界を超えたとき、生死輪廻を解脱《げだつ》し、苦しみから解放されるという。それはまた、いささかも煩悩のまじり気のない智慧《ちえ》（無漏智《むろち》。無漏とは、煩悩の漏泄《ろせつ》のないこと）が実現することでもあった。

ということは、真実の智慧を実現するには、この無所有処定・非想非非想処定に入って、さらにそこを突破しなければならないということである。すでに「聖求経」において、釈尊は九段階の禅定を説かれたという。すなわち、非想非非想処定（第八段階）のあとに、想受滅定《そうじゅめつ》という名の禅定（想＝認知や受＝感情の一切滅した無心の禅定）を修したとき、解脱するのだと釈尊が説いたというのである。

そのように、非想非非想処定等の修習は、仏教の覚りにとっては、のちに必要条件と位置づけられるものであった。ただ、それはけっして十分条件ではなかった。それはさらに、想受滅というような、一切の心・意・識のはたらきが鎮《しず》められたような禅定に深められ、しかもそのことを通して、単に心の統一された状態ではない、目覚めとしての智慧が実現しなければならなかった。この智慧としての知は、我々の日常の、主―客分裂の上での通常の知とは異なる、あくまでも心の統一（禅定）の中に現《げん》成《じょう》する知なのであった。

森の中の降魔《ごうま》成道《じょうどう》

アーラーラ・カーラーマやウッダカ・ラーマプッタらに満足し得なかった釈尊は、そこで師を離れ、ネーランジャラー河のほとりにある森に入って、ひとり修行を深めるのであった。人気《ひとけ》のない森での孤独な修行は、自己自身をも解体しかねない。釈尊は深淵にも似た恐怖と戦いつつ、心の統一を深めて、真実を見徹《けんてつ》しようとしていた。ある経典に、次の一節がある。

わたくしは或る恐ろしい森林にひそんでいた。その恐ろしい森林の恐ろしさについては、「何人《なんびと》でもまだ貪欲を離れないでかの森林に入ったならば、おおよそ身の毛がよだつ」といわれていた。わたくしは、寒冷にして降雪時期の、月の前分第八日から後分第八日に至るまでの冬の夜には、夜は露天に、昼は森林に住していた。また夏の最後の月には、昼は露天に夜は森林に住していた。そこで未だ聞かれたことのない、驚歎するまでもないこの詩がわたくしに現われた。

暑き日も寒き夜も
ただ独り恐ろしき森に
裸形《らぎょう》にして火もなく坐す。
聖者は探求をはたさん、と。

わたくしは墓場において死屍の骸骨を敷いて寝床とした。そのとき牧童たちがやって来て、わたくしに唾《つば》し、放尿し、塵介《じんかい》をまきちらし、両耳の穴に木片を挿《さ》し入れた。しかしわたくしはかれらに対して悪心を起こさなかったことをおぼえている。わたくしの〈心の平静〉(upekhā) に住する行にはこのようなことがあった。

(『マッジマニカーヤ』)

釈尊が真にそう語ったのかは確かめようもないが、おそらく事実を何ほどか含んでいるのであろう。死体を抱いて眠り、童子らになぶり者にされても、心の平静さを保った。かつては伎女たちに機嫌をうかがわれていたのに、今やがんぜない童子らに、したい放題、コケにされているのである。このことさえ釈尊には、求道の思いに比べればとりとめもないことだった。

別に、この間、慈《いつく》しみの心を修していたとする経典もある。自我本位の心を徹底して払い尽くそうとするなかで、何ものかを見出そうとしているのである。

墓場の寝床は、かつてのハレムにも似た宮殿とまったく対極にある。絢爛華美の交わりから、荒寥《こうりょう》寂滅《じゃくめつ》の孤独への落差は、生と死の落差にも価《あたい》した。ただそこには、人為から自然へ、文明から原始へ、装飾から素地への回帰があった。ありのままの自己への還帰があった。そのかすかな悦《よろこ》びのなかで、釈尊はものを捨て、自己を捨て、自己への執著《しゅうじゃく》を捨て、一切を捨てて修行したのである。

このころ、釈尊は屋根のある家にはけっして泊まらなかった。衣は、捨てられたボ口布をつづって身にまとった。食物は、人さまの残飯ですませた。わずかに、牛の小便から作る安価な薬（陳棄薬《ちんきやく》）を所持するのみであった。

そういう修行に見え隠れするのは、火もなく坐す釈尊の裸形のみである。それはただ、真理のみを探求せんとする強靭《きょうじん》な意志のことにも他ならない。

よく、釈尊は苦行を行ったという。宮殿の太子から荒野の沙門へは、すでに難行であろう。とても耐えることのできない難行である。さらに釈尊は、呼吸を止めたり、断食したりの苦行を行ったという。釈尊がどの程度までそれらを行ったのか不明だが、仏教では、苦行はけっして益にはならないものだと伝える。釈尊自身が、快楽と苦行の二辺を離れた中道を歩めと説いたともされる。しかし釈尊自身の求道の歩みにおいては、激しい苦行をも経過せずにはいられなかったのであった。

また、成道の直前に、悪魔の誘惑があったということもよくいわれる。降魔《ごうま》（魔を降《くだ》すこと）を経て、そののちに成道したというのである。

仏典には、「欲望・嫌悪・飢渇・妄執・ものうさ、睡眠・恐怖・疑惑・みせかけと強情と誤って得られた利得と名声と尊敬と名誉と、また自己をほめたたえて他人を軽蔑すること」が悪魔の軍勢であると説くものもある（『スッタニパータ』四三六―四三八。中村元訳、岩波文庫『ブッダのことば』に拠る。『スッタニパータ』については、以下も同書に拠った）。釈尊が、成道の直前ばかりでなく、修行中、常にそうした「悪魔」の誘いをうけ、それらと戦い続けたのは事実であろう。

ブッダは何を覚ったのか？

そのような修行を経て、ついに釈尊は覚りを開くのである。ゴータマ・シッダッタはブッダになるのである。はじめに述べた菩提樹（イチジク科のピッパラ樹＝アシヴァッタ樹）の下で坐禅して、正覚《しょうがく》を成就《じょうじゅ》したのである。

いったい、釈尊は何を覚ったのであろうか。この問題こそ、仏教の根本問題であろう。しかし、釈尊の覚りがなんであったのかは、経典等の仏伝が必ずしも一致して説いているわけではない。

よく「十二縁起」（四四ページ以下参照）を覚ったといわれるが、文献（『四衆経』、チベット『律蔵』など）によっては、覚りと十二縁起を直接は関係のないものとして説いているという。「マハーヴァッガ」と同様の記述をする『ウダーナ』では、まず「菩提樹のもとにおられた。はじめてさとりを開いておられたのである。そのとき世尊は、七日のあいだずっと足を組んだままで、解脱の楽しみを享《う》けつつ坐しておられた」のであり、その七日のあと、十二縁起を観察したことになっている。

そのように伝承によって釈尊の覚りのとらえ方が異なるのは、のちの仏教徒が釈尊の覚りをどうとらえたかが異なっていたことを示している。それは、後世の仏教徒の釈尊に対する信仰告白が、多様であったということである。それらは、それぞれの主体にとって切実な真実だったのであろう。今、以下には私の了解を述べることとする。

覚りの核心

『スッタニパータ』第五章の「学生メッタグーの質問」では、「……どのようにしたならば、諸々《もろもろ》の賢者は煩悩の激流、生と老衰、憂いと悲しみとを乗り超えるのですか」との質問に、釈尊は次のように答えている。

メッタグーよ。伝承によるのではなくて、いま眼《ま》のあたり体得されるこの理法を、私はそなたに説き明すであろう……（一〇五三）

メッタグーよ。上と下と横と中央とにおいて、そなたが気づいてよく知っているものは何であろうと、それらに対する喜びと偏執《へんしゅう》と識別とを除き去って、変化する生存状態のうちにとどまるな。（一〇五五）

このようにしていて、よく気をつけ、怠《おこた》ることなく行う修行者は、わがものとみ

なして固執したものを捨て、生や老衰や憂いや悲しみをも捨てて、この世で智者となって、苦しみを捨てるであろう。(一〇五六)

何ものをも所有せず、欲の生存に執著しないバラモン・ヴェーダの達人であるとそなたが知った人、――かれは確かにこの煩悩の激流をわたった。かれは彼岸に達して、心の荒《すさ》びなく、疑惑もない。(一〇五九)

ここで釈尊は、伝承ではない、じかに体験したことを語っている。釈尊は、みずから煩悩の激流を渡り、心の不安や生死を超えたのである。その場合、無明《むみよう》を離れつくすには、禅定の深まりが伴われていなければならなかった。そして想受滅定《そうじゆめつじよう》といわれるような定を通過したはずである。

ある資料は、釈尊は初禅・第二禅・第三禅・第四禅を成就したあと、宿明《しゆくみよう》智・天《てん》眼《げん》智を得、最後に漏尽《ろじん》智（諸々の汚れを滅した智）を得て覚者になった、という（『マッジマニカーヤ』）。この最後には、「心は欲の汚れから解脱し、心は生存の汚れから解脱し、心は無明の汚れから解脱した。解脱しおわったときに、『解脱した』という智が起こった。『生は尽きはてた。清浄行が完成した。なすべきことはすでになされた。もはやかかる生存の状態に達することはない』と知りおわった」とある。

無明を離れて解脱したとき、「解脱した」との自覚が起こったという、この自覚こそが覚りの核心であろう。

執著からの解脱

釈尊は、解脱を果たしてから七日の間、坐を解かなかったといわれるように、心ゆくまで法悦を味わったのであった。そこで体得された世界は、たとえば梵天《ぼんてん》（インドの伝統的宗教＝バラモン教の神）が釈尊に説法を要請したとき、釈尊が「さて執著のこだわりを楽しみ、執著のこだわりに耽《ふけ》り、執著のこだわりを嬉しがっている人々には、〈これによって（これが）あること〉、すなわち縁起という道理は見難《みがた》い。また一切の形成作用（行）のしずまること、一切の執著を捨て去ること、妄執の消滅、貪欲を離れること、（煩悩の）止滅、やすらぎ〈ニルヴァーナ〉というこの道理も見難い」（「マハーヴァッガ」）と考えたという、その後者、止滅・やすらぎの世界のことである。

※（　）内は筆者

それこそはかつて釈尊が求めたものであった。「聖求経」は、次のようにいう。

修行僧らよ。かくしてわたくしはみずから生ずるたちのものでありながら、生ずることがらのうちに患いを見て、不生なる無上の安穏・安らぎ（ニルヴァーナ）を求めて、不生なる無上の安穏・安らぎを得た。みずから、老いるもの・病むもの・死ぬもの・憂うるもの・汚れたものであるのに、老いるもの・病むもの・死ぬもの・憂うるもの・汚れたもののうちに患いのあることを知って、不老・不病・不死・不憂・不汚なる無上の安穏・安らぎを求めて、不老・不病・不死・不憂・不汚なる無上の安穏・安らぎを得た。そうしてわれに知と見とが生じた、――「わが解脱は不動である。これは最後の生存である。もはや再び生存することは無い。」と。

煩悩の激流をわたり、この世とかの世とを離れて、不生・不老・不病・不死の涅槃を得たのである。かの梵天の要請に対し、説法することを決意した釈尊は、「不死の門は開かれた」と人々に呼びかけている（四七ページ参照）。そうした不死・不生の世界が、煩悩・妄執の滅尽《めつじん》によって開かれたことが、釈尊の成道であった。

ちなみに『スッタニパータ』にも、「心を統一したサキヤムニは、（煩悩の）消滅・離欲・不死・勝《すぐ》れたものに到達された、――その理法と等しいものは何も存在しない。このすぐれた宝は理法のうちに存する。この真理によって幸せであれ」（二二五）

とある。理法の原語はダンマ、真理の原語はサッチャ（諦）である。

十二縁起による実存解釈

さて、その世界を証したとき、釈尊には人間の苦しみの生起してくるしくみ、因果関係が容易に分析し得たのであろう。それが縁起説としてまとめられるのである。すなわち、縁起説とは覚りに密着した世界解釈なのである。

実際には、十二項目の縁起を釈尊がはじめから観じたのではないことは確かである。しかしここでは、「マハーヴァッガ」に従い、十二縁起の説を考えることにしよう。それは、無明―行―識―名色《みょうしき》―六入《ろくにゅう》―触―受―愛―取―有《う》―生《しょう》―老死の十二支が縁起（――に縁《よ》りて起こること）をなすとの説である。

それは、なぜ老死の苦しみがあるのかというと、生があるからである。なぜ生があるかというと有があるからである。……と順にさかのぼって、最終的に、無明があるからこそなのだ、とその根本原因をつきとめたものである。すなわち、無明が根本にあって順次の縁起の関係があり、最終的に老死の苦しみがあるのだ、との相依関係を解明したものである。

その十二支がはじめどのようなものとして具体的に考えられていたのかは不審だ

が、のちの『倶《く》舎《しゃ》論』(第二章八七ページ以下参照)の説明によると、生死輪廻の、過去・現在・未来三世の因果として次のようになる。

無明	根本的無知	過去世
行	無明に基づく行為およびその影響力(業《ごう》)	
識	母胎に受生した瞬間	現在世
名色	器官が形成される前の胎児(受生後四週間余)	
六入	器官が形成された後の胎児	
触	母胎からの出生(以後二、三歳まで)	
受	感情を伴う認識の生起する頃(四、五歳—十二、三歳)	
愛	欲望を伴う認識の生起する頃(十四、五歳以後)	
取	激しい執著を伴う認識の生起する頃(青年期以後)	
有	愛・取によって作られる業のこと。未来の果を約束する	
生	未来にある所に受生する瞬間	未来世
老死	以後死ぬまで	

十二縁起は、我々の苦悩の原因が、順々に縁起の関係をなすなかで、究極的には無明に帰するということを明かしているのであり、そしてそのゆえにこそ、ひとえに無明を滅すれば苦しみを滅することができるという、その滅への方途を的確に明かしたものなのである。

したがって、十二縁起説は、無明から苦へと、無明の滅から苦の滅へとの、双方向の全体として意味があるものである。むしろ、生死輪廻の由来を分析すること以上に、その滅への方途のありかを解明したことに、多くの意義がある。だからこそ釈尊は、前述の梵天勧請《かんじょう》への回答(四二ページ)に、縁起の道理だけでなく、無明や煩悩の滅した境地=涅槃についてもあえて言及して、それらは人間にとっての大事であるにもかかわらず、愛著に流れる人々には見難い、と述べるのである。

4　釈尊の説法

説法への決意

成道を果たした釈尊は、縁起のことも涅槃のことも、この世的なものにとらわれている人々には見難いという理由から、説法はするまいと考えたという。しかし、梵天《ぼんてん》の勧請をうけ、人々の苦しんでいるありさまを観察して、ついにやはり説法しようと決意したという。

それには、伝統宗教のバラモン教の神が釈尊に教えを要請するという形によって、新興の仏教を権威づける意味もあったであろう。バラモン教では司祭《バラモン》階級のみにおいて、師から弟子へ口授などによって真理が秘密裡《り》に伝達され、特定集団に真理が秘匿《ひとく》、独占されるのに対し、仏教は積極的に真理を公開するのであり、その背景には他者の救済をめざす慈悲の心が脈打っていることを印象づける意味もあろう。

説法を決意した釈尊は、次のように梵天に語りかけた。

耳ある者どもに甘露（不死）の門は開かれた。
〔おのが〕信仰を捨てよ。
梵天よ。人々を害するであろうかと思って、
私は微妙な巧みな法を人々には説かなかったのだ。
（「マハーヴァッガ」）

この梵天勧請の話は我々に、本当に釈尊の教えを聞こうとする覚悟はあるのか、と問いかけてくるものである。釈尊の教えは、世間的な欲望を微塵《みじん》も充《み》たすものではあり得ない。我々がふつうあると思いなし、愛著している自我を、根底から解体せずにはおかない教えでもある。それは、もしかしたら人々を害し、傷つけるかもしれない、むしろ人々の想いにさからい、精神の安定を妨《さまた》げるかもしれない、そういう教えなのである。それでもあなたは聞きたいというのか、とこの話は我々に、その覚悟のほどを問いかけているものである。

今、我々には多くの仏典の現代語訳や、仏教の解説書が与えられている。それらに心の慰めを、自我の支えを求める人は多いであろう。しかし仏教は、一切は苦しみなのだ、と説く。欲望を充たして何になるのかと問う。そして、ものと自我への執著から脱却せよ、煩悩の激流を渡れ、と説く。それは、現代に対し、文明に対し、価値観の根本的な転換を迫る教えである。

釈尊が説法しようかどうしようかと思いあぐねた、との話に接するとき、我々は苦い薬を本当に服するつもりがあるのかどうか、せめて心に自問することを忘れてはならないであろう。

初転法輪——はじめての説法と四諦の教え

成道後、釈尊はひたすら説法と教化の日々を送った。正覚を成《じょう》じてのちの最初の説法を初転法輪《しょてんぽうりん》というが、それはベナレス郊外の鹿野《ろくや》園《おん》で行われたという。以後、釈尊は、マガダ国の首都ラージャガハ（王舎城）と、同様の大国コーサラ国の首都サーヴァッティー（舎衛城）とを、しばしば往復した。修行時代は孤貧に徹していたが、同志が増えるにしたがって、教団の形成にあえて異は唱《とな》えなかった。土地や僧院などの寄進も得て、釈尊の宗教はひとわたりの勢力となっていくのであった。

初転法輪において、釈尊は何を説いたのであろうか。このことについても、伝承はまちまちである。「聖求経」の漢訳（『中阿含経』のなかにある）では、中道（中の実践）と八《はっ》正道《しょうどう》（八つの正しい修行）が説かれたという。パーリ『律蔵』の「マハーヴァッガ」では、中道・八正道に四《し》諦《たい》説が加わる。「マハーヴァッガ」はさらに、いわゆる「無我《むが》相経《そうきょう》」（五六ページ参照）が説かれたという。

このように、初転法輪がなんであったかは、やはり確定され得ないが、中道・八正道・四諦が、釈尊の教えの基本的で重要なものであったと見られてきたことは確かである。

このうち、四諦の説は、十二縁起説と表裏一体をなすものである。かの十二縁起は、我々の苦の生存は結局、無明に縁《よ》るのであり、ゆえに無明を滅すれば、生死輪廻からの解脱はあるとの説であった。一方、この四諦とは四つの真理ということで、苦《く》諦・集《じつ》諦・滅《めつ》諦・道《どう》諦のことである。

このうち苦諦とは、人間存在は苦以外の何ものでもない、という真理であり、生・老・病・死の四苦によって代表される。これに愛別離苦《あいべつりく》（愛するものと別れる苦しみ）・怨憎会苦《おんぞうえく》（いやな人とも生活しなければならない苦しみ）・求不得苦《ぐふとくく》（欲しいものが得られない苦しみ）・五蘊盛苦《ごうんじょうく》（個体の活動がさかんな苦しみ）を加えると八苦となる。いずれも、自己が自己の思いどおりにはならないことが含まれていよう。

集諦は、そうした苦を集める原因のことである。苦には苦の原因があり、その原因が集諦で、その結果が苦諦である。その集諦とは、無明・煩悩のことである。

一方、滅諦は、その無明・煩悩が滅し、したがって苦が滅した世界のことで、そこが涅槃といわれる世界である。それはけっして虚無ではあり得ないはずで、真のやすらぎ、真の自由が実現した世界のはずである。苦しみの生存以外ではあり得ない人間も、その苦しみを滅することはできるのである。

道諦は、その滅諦を実現する方法、道のことである。道諦は滅諦の原因であり、滅諦は道諦の結果である。その道諦とは、要するにさまざまな修行のことになる。

このように四諦説は、十二縁起の双方向的事実（これ生ずればかれ生ず。これ滅すればかれ滅す）を、より体系的に表現したものであり、それと表裏一体のものなのである。

中道――「中」の実践

十二縁起説において、無明こそが苦の生存の根本原因であり、無明を滅すれば解脱が可能だと解明されたとき、問題の焦点は、ではどうすれば無明を滅することができるのか、に移行するであろう。同様に、四諦の論理が理解されたとき、関心の中心はもっぱら滅諦を実現する道諦に注《そそ》がれることになる。その意味で、初転法輪において、中道・八正道が説かれたということは、充分うなずけることである。

私の見るところ、釈尊は覚りの世界や涅槃の境地について、どういうものだとは必ずしも積極的に説いていない。不生・不老・不病・不死といった、否定的表現によってにじませるのみである。むしろ人々に、みずからその世界に到達せよと説き、その方途について説明する。それが釈尊の説法の大半なのである。

このうち、中道とは何か。中道も道であり、それは中の実践である。このことについて、『中阿含経』は、次のように説いている。

まさに知るべし。二辺の行あり、諸《もろもろ》の道をなす者の当《まさ》に学ぶべからざるところなり。一にいはく、欲楽・下賤の業・凡人の所行に著《じゃく》す。二にいはく、自ら煩《わずら》ひ、自ら苦しむ。（それらは）賢聖が法を求むる（あり方）に非ず。（真実の）義と相応すること無し。五（人）の比丘《ビク》よ。この二辺を捨てて中道を取ることあらば、明を成じ、智を成じ、定を成就して自在を得。

※（　）内は筆者

ここで二辺の行とは、快楽に愛著・耽溺《たんでき》することと、苦行に苦しむことである。その両極を捨てることが、中道である。この中道は、真の意味で心を統御することを可能にさせる道といえよう。

ただし中道は、のちに苦・楽の二辺を離れることだけでなく、有・無の二見（一方的に有る、または無い、と見るふたつの見方）や、断・常の二見（一方的に断滅する、または常住である、と見るふたつの見方）を離れることなども意味するようになる。かのナーガールジュナ（龍樹《りゅうじゅ》）に始まる中観派は、そういう、有・無の判断や断・常の見解を離れた中を観じていくのであり、そこに無明を滅していく道を見出していた（第四章参照）。

八正道――戒・定・慧の正しい実践

一方、八正道とはなんであろうか。前に引いた『中阿含経』の句には続いて、「智に趣《おもむ》き、覚に趣き、涅槃に趣くは、すなはち八正道なり。正見《しょうけん》乃至《ないし》正定《しょうじょう》なり。これすなはち八となす」とある。

その正見乃至正定（「A乃至B」とあると、「Aより乃《すなわ》ちBに至るまで」を意味する。したがってここでは、正見から正定まで）の八正道をつぶさにあげると、次のようである。

①正見	正しい見解	慧
②正思惟《しゆい》	正しい考え方	慧
③正語	正しい言葉遣い	戒
④正業	正しい行為	戒
⑤正命《みょう》	正しい生活	戒
⑥正精進	正しい精進	戒
⑦正念	正しい注意・反省	定
⑧正定	正しい心の統一	定

まとめれば、戒《かい》・定《じょう》・慧《え》の正しい実践ということになる。

問題は、その「正しい」とはどういうことかであろう。釈尊は、この「正しい」の内容について、意を尽くして述べているようには思えないが、ひとつは前述の「中」に契《かな》っているということがあろう。なお、ややのちの『清浄道論』（大注釈家ブッダゴーサの著書。上座部の教学を集大成したもの。五世紀ころ）は、八正道についておおよそ次のように説明している。

正見＝涅槃を対象とし、無明・煩悩を断つような慧眼《えげん》（四諦を了解すること）

正思惟＝正見に相応し、邪思惟を断つような、心の涅槃への純粋な志向

正語＝正見・正思惟に相応し、悪行を断つような、邪語からの離脱（柔和な言葉）

正業＝正語に相応し、邪業を断つような、殺生などからの離脱

正命＝こうして清浄となった正語・正業と相応し、欺瞞《ぎまん》などを断つような、あらゆる邪《よこしま》な生活からの離脱（正理にかなった生活）

正精進＝正語・正業・正命に随順し、それと相応し、怠惰を断つような、精励・努力

正念＝正精進に相応し、邪念を除き去るような心の不忘失

正定＝正念と相応し、邪な専注を除き滅するような、心をひとつの対象に専注すること

（早島鏡正、人類の知的遺産3『ゴータマ・ブッダ』講談社）

この実践によって、覚りの智慧が生じるのである。『清浄道論』は、このように八正道を順序を踏むものとして考えている。そしてその最後に正定の修習があり、それを経て覚りに達すると説くのである。

仏教では、聞《もん》・思・修ということがいわれる。教えを聞いて（経典等を読んで）、よく考えて、そして修行して覚りに達するという。その修行には、心を統一していくという禅定の修習がどこまでも不可欠なのである。

いずれにせよ、これらの修行は、具体的には師から弟子へ、修行者の共同体（サンガ＝僧伽。教団のこと）のなかで、適切に指導されたのであった。やがて、無明・煩悩（苦しみの原因）の諸相が詳しく分析され、臨床的知識が集積されて、その対治の方法が種々整備されていったのは当然である。

五蘊無我——自我を断つ

もうひとつ、釈尊の初転法輪に関して、前述の「マハーヴァッガ」の「無我相経」というものがある。釈尊が五人の旧友に、最初の説法につづいて説いたとされるものである。

それは、人間存在もしくは世界そのものを、物質的要素としての色と、精神的要素としての受（感情）・想（認知）・行（意志）・識（知性）との五つの要素の集まり（五蘊《ごうん》）から成ると見て、そのいずれの要素も我《が》（アートマン）ではあり得ないことを了解すべきだと説くものである。

そのように仏教はかなり初期から、要素還元主義的な立場に立って、ある実体としての存在を解体してみせることがある。

たとえば、我々は心というものがあると漠然と考えている。ひとつの心があって、それが種々に作用すると考える。しかし仏教の五蘊無我説によれば、心理現象とはそういうものではない。いわば知・情・意等、別々の心（受・想・行・識）があり、それらが複合して生起するにすぎないという。人間の個体も、実体として存在するのではなく、物質的（身体的）・精神的諸要素の仮和合《けわごう》（仮りの集合）にすぎないというのである。

その要素の各々さえ我ではあり得ないと説くのが、「無我相経」である。まず、五蘊の各々は、自分の思いどおりにならないから「我《アートマン》ならざるものである」とされる。さらに、これら五蘊の現象は、無常であり、無常であるがゆえに苦である、とされる。そして、この無常であり、苦である現象は、「これはわがものである」「これはわれである」「これはわが我《アートマン》である」とはみなされない、というのである。

すでに五蘊の各々が、こうしてアートマンではあり得ない以上、「常・一・主・宰」（恒常的に存在して単一で主体なるもの）の個体的存在はあり得ないことになる。

ここには、無常・苦・無我といった認識がある。それは単に事実の確認なのではなく、このことをよくよく思惟・観察して、虚妄な自我への愛著・執著から解放されよとの教えなのであった。のちに、仏教の旗印《はたじるし》として、

諸行無常《しょぎょうむじょう》（諸々の現象は、無常である）
諸法無我《しょほうむが》（諸々の存在は、実体性が無い）
涅槃寂静《ねはんじゃくじょう》（究極のやすらぎの世界は、しずまった世界である）

の三法印（あるいはこれに一切皆苦《いっさいかいく》―我々の生存の一切は苦しみである―を加えた四

法印）が唱えられたが、無常・無我・苦の教えは、そのように涅槃寂静へと連絡したものなのである。すなわち、五蘊無我説は、自我への妄執を断たせ、無明を滅《ほろぼ》させるための教えなのであった。

はじめは易しく、次第に核心に迫る教え

以上、初転法輪の説法とされるものを見た。それらにすでに、釈尊の教えの重要なものが含まれていた。古来、初期仏教の教えは、四諦・八正道・十二因縁とまとめられるほどで、そのすべてはすでに見たわけである。

しかし、これらはあまりにも整理され、体系化されすぎている。実際に釈尊が説いたのはもっと素朴で、相手に応じたきわめて的確なものであったろう。

前に述べた富商の子、ヤサの教化に際して釈尊は、順に施《ほどこ》しをすべきこと、戒《いまし》めを守るべきこと、善を行えば死後天に生まれること、諸々の欲望の患いと害悪と汚れについてのこと、およびそれらからの出離のすぐれた利益を説き、その上で四諦の説を説いたという。はじめは身近なわかりやすい教えを説き、次第に仏教の核心の教えを説いたのである。

その結果、やがてヤサは「見たまま知ったままに（自分の）境地を観察して、執著

がなくなって、心が煩悩から解脱」したのだという（『マハーヴァッガ』）。これも後世の脚色だとしても、釈尊が種々の配慮をしつつ人々を導いたことは、間違いないであろう。

いったい、釈尊は実際にどのような言葉を人々にかけたのであろうか。今日、釈尊の説法を伝える最古層の文献としては、『スッタニパータ』や『ダンマパダ』（『法句《ほっく》経』）があるという。以下には、特に『スッタニパータ』から、のちの大乗仏教へのつながりをも考慮しつつ、いくつか釈尊の言葉を摘録してみよう。

『スッタニパータ』では一貫して、苦しみの根源が断たれなければならないということが説かれている。それは、「想念を焼きつくす」（七）、「五感や意の対象への貪欲を離れる」（一七一）、「名称と形態（名称は受・想・行・識の四蘊を意味し、形態は色蘊のこと。すなわち名称と形態とは五蘊のことで、個体の構成要素）とに関する妄執を断ち切る」（三五五）、「名称と形態について〈わがものという思い〉の全く存在しない」（九五〇）、「識別作用が止滅する」（一〇三七）、「無所有をめざしつつ『何も存在しない』と思う」（一〇七〇）等ということを通して実現されるのだ、と説かれる。

単に無明を滅せよ、と定型的に語るのではなく、個々具体的な指示を与えていることがわかる。それも、要は心を調《ととの》え、感覚の対象や自我への執著から離れよ、というのである。そうしてこそ、不生・不死の涅槃を実現することができるのである。

認識することをやめよ

今、その道のなかに、「識別作用を止滅する」ということがあるのを見た。前に引用した「学生メッタグーの質問」のなかにも、「メッタグーよ。上と下と横と中央とにおいて、そなたが気づいてよく知っているものは何であろうと、それらに対する喜びと偏執と識別とを除き去って、変化する生存状態のうちにとどまるな」とあった（四〇ページ）。あらゆる認識対象に対する喜びや偏執だけでなく、その識別作用すら除き去るべきだとある。

そして、「識別作用が止滅することによって、名称と形態とが残りなく滅びた場合に、この名称と形態とが滅びる」（一〇三七）ともある（名称と形態とは、名と色のことで、前述のように五蘊のこと、個体〔への執著〕のことである）。識別作用が止滅されることが、問題の解決につながるという。

対象への執著と対象の認識とは事実上不可分であることを、釈尊は見ていたのであろう。わずかでもなんらかの対象を対象として認識するところに、無明や妄執が滲《し》み出している。心の微細な領域において、そういうことがあることが、釈尊には知られていたのである。そういう意味で、認識活動が止滅するとき、個体への執著からも解放されるというのである。

戯論寂滅——想うのでもなく想わないのでもなく

識別作用とほぼ同義の言葉に、想念がある。釈尊はその想念の滅をも説く。『スッタニパータ』第四章の「争闘」の箇所は、「争闘と争論と悲しみと憂いと慢心と傲慢と悪口とは、どこから現われ出てきたのですか」との問いから始まる。インド思想界での激しい論争を背景としているようでもあり、また諸々の煩悩の根源は何か、を問うものである。その根源は順次掘り下げられていって、あたかも十二縁起の究明のようである。ただし、ここでは、その最終的な原因は名と色に求められており、さらにその消滅の道が次のように語られる。

ありのままに想う者でもなく、誤って想う者でもなく、想いなき者でもなく、想いを消滅した者でもない。——このように理解した者の形態（色）は消滅する。けだしひろがり（戯論《けろん》）の意識は、想いにもとづいて起るからである。（八七四）

※（ ）内は筆者

ここに「ひろがり（の意識）」と訳されている言葉は、一般に戯論と漢訳される言葉（サンスクリットでprapañca）である。戯論とは、日常の、虚妄性に満ちた言葉—言語のことである。

想に基づいてその戯論の名言があり、そのことによって苦しみの生存としての個体、そして数々の煩悩が成立するのだという。ゆえに想を滅することによって、戯論の寂滅を実現すべきだということになる。

では、想を滅するとはどういうことなのか。想を滅しようともせず、想が無いとも意識しないとき、真に想を滅したことになる、というのがここでの釈尊の教えであった。

釈尊の説法は、ひとえに無明—煩悩の妄執を断ち切り、その激流を渡って無上の涅槃に達せよ、というものであった。

その方途として、想うのでもなく想わないのでもないといったことが急所になるという。それはまた、識別作用の止滅にも通じるであろう。

対象的認識や想念を否定して、主観—客観の分裂した心を統一していって、日常の分別が萌《きざ》さないところに、かえって真実を見る智慧が生まれるのである。

この実践は、苦・楽を離れる中道よりも、有る・無いの判断のいずれをも離れる中道、常・断の認識のいずれをも離れる中道を想わせる。

そのように、釈尊の本来のその時々の説法は、大乗仏教に直結していくものをもっている。『スッタニパータ』には、次のような句もあるのである。

つねによく気をつけ、自我に固執する見解をうち破って、世界を空なりと観ぜよ。そうすれば死を乗り超えることができるであろう。このように世界を観ずる人を、〈死の王〉は見ることがない。（一一一九）

自我と世界、いいかえれば我（アートマン＝主体的存在）と法（ダルマ＝客体的な存在）の二空を観ずる者には、不死の門が開かれ、不生の涅槃が実現するという。自我と世界の「空」を観ずることが、滅諦への道であることを、覚者釈尊は指摘する。この釈尊の教えは、大乗仏教とほとんど変わらないであろう。

5　最後の教え

修行者ゴータマが子を奪う

釈尊の説法と教化の日々は、八十歳まで続いた。雨季には一箇所に滞在し、出家した弟子たちと修養の日々を送ったが、雨季が明けると、法を弘めに遍歴行脚《へんれきあんぎゃ》の日々を送った。くすんだ色の衣をまとい、鉢を提《さ》げつつ、幾人かの弟子たちとともに町や村を歩きつづけた。異様な風体《ふうてい》の集団が、俗世の価値観の否定を掲《かか》げて来襲してくるのは、古代インドといえども、生活者の常民にとっては衝撃であったにちがいない。

釈尊の教化活動はきわめて強力なものがあり、他宗教の者たちさえ、集団ごと改宗せしめるほどであった。一例に、サンジャヤというバラモンの率《ひき》いていた二百五十人のバラモンが、サンジャヤの意に反して釈尊に帰依している。その先頭に立ったのは、サーリプッタ（舎利弗《しゃりほつ》）とモッガッラーナ（目揵連《もくけんれん》）である。

そのころ、マガダ国の市民の子弟らも、釈尊にひかれて家出するなどしたらしい。人々は、「修行者ゴータマがやってきて子を奪う。修行者ゴータマがやってきて夫を奪う。修行者ゴータマがやってきて家を断絶せしめる。今、かれは千人の結髪の行者を出家せしめた。サンジャヤのこれらの二百五十人の遍歴行者どもを出家させた。マガダ国の多くの著名な良家の子らは、つぎつぎと修行者ゴータマのもとで清らかな修行を行なっている」（「マハーヴァッガ」）と憤《いきどお》るほどであった。

今日の急進的な新宗教のように、釈尊の宗教は〝健全な社会〟に摩擦を引き起こしかねないものであったことも、我々は忘れてはならない。それは、欲望の充足をひたすら追い求める社会体制を、世間的成功をのみ追い求める自我を、根底から批判するものであった。

中村元は、「原始仏教に帰した人々は王族・商人・手工業者などであり、大体都市人であった。しかし都市的生活をそのまま肯定したのではなくて、都市的生活の否定態において原始仏教の出家者教団は成立していたのである」（『中村元選集』第11巻「ゴータマ・ブッダ」）と明かしている。釈尊の伝道は、利益と能率の追求に走る都市文明への問いかけでもあったのである。

スダッタという富豪は、かなり広大な土地を買いとり、精舎を建設して釈尊に寄進した。コーサラ国の都サーヴァッティー郊外にある土地を、その国の太子ジェータから買いとったもので、そこはジェータの林（Jetavana）といい、その精舎を祇園精舎という。スダッタは「孤独な人々に食事を与えた人」として、給孤《ぎっこ》独《どく》長者ともいわれた。

そのスダッタは、多くの寄進のため、かえって負債を抱えて衰微したともいう。まだ、富はひたすら自己増殖を求めて暴走するという、資本そのものの論理に人間が呑《の》み込まれていなかった時代だったのであろうか。

信徒も増え、資産の施与も増えるにしたがって、バラモン教に対峙するセクトにも似た釈尊の教団は、やはり次第に社会と共存する教団になったことであろう。釈尊自身の修行時代は、森や墓場などで修行が行われたのであったが、法の伝承を考えてか、しだいに教団の形成や施設の整備を進めていった。それにしても、釈尊の宗教は「出家」を第一とするものであった。

最後の旅と遊女アンバパーリー

四十五年間の教化の日々のなかには、さまざまなことがあった。呪術に秀《ひい》でたカッサパという名の三人（ウルヴェーラ・カッサパ、ナディー・カッサパ、ガヤー・カッサパ）に、大神通力を示して帰服せしめたこともあった。マガダ国の国王ビンビサーラの帰依をうけるにも至った。ビンビサーラ王は、ラージャガハ（王舎城）の北方近くにある竹林園を寄進し、精舎を建立《こんりゅう》した。

コーサラ国のパセーナディ王とも深い親交をもった。このパセーナディ王と釈迦族の血を引くヴァーサバ・カッティヤー妃との間の子、ヴィドゥーダバ王子は、やがて王となってから、釈迦族全員を殲滅《せんめつ》させたという。釈尊は晩年、この悲劇に遭遇したといわれる。

八十歳のとき釈尊は、結果的に最後の旅となった旅に出た。このころは、釈尊の従弟というアーナンダ（阿難）を侍者として連れて歩いたようである。

この旅は、王舎城を出て、ガンジス河を渡り、ヴェーサーリーなどを通り、クシナーラーに達するものであった。マガダ国―ヴァッジ国―マッラ国と三国にわたる旅であった。

ヴェーサーリーは商業都市として非常に繁栄していたが、そこには容姿端麗で歌舞《かぶ》音曲《おんぎょく》にすぐれた遊女アンバパーリーがいた。男がいくらお金を注いでも惜しく思わないほどの女性で、このアンバパーリーのお蔭でヴェーサーリーはますます栄えたとさえいわれた。

ヴェーサーリーに入った釈尊は、アンバパーリー所有の園林に泊まり、厚いもてなしをうけた。アンバパーリーはかねてから釈尊に帰依していたのであり、釈尊も投宿している間、数々の説法を行った。若いときにハレムを捨てた釈尊が最晩年、傾城《けいせい》ともいうべき女性にかしずかれている。そんな一場面が、仏伝に挿入されている。

それから、釈尊はヴェーサーリー市郊外の竹林の村に行き、雨季の定住（雨安居《うあんご》）に入った。このころ、病にかかり、死ぬほどの激痛が起こったという。釈尊は必死にこらえ、なんとかもちこたえるが、死期は確実に近づいてきているのだった。

釈尊最後の説法——自己を島とし法を島とせよ

このとき、アーナンダは、最後の説法を懇請《こんせい》した。釈尊の説法は、次のようであった。

アーナンダよ、修行僧らはわたくしに何を待望するのであるか？　わたくしは内外の区別なしに（悉く《ことごと》）法を説いた。完き人《まった》の教法には、何ものかを弟子に隠すような教師の握拳《にぎりこぶし》は、存在しない。「わたくしは修行僧のなかま（ビックサンガ）を導くであろう」とか、あるいは「修行僧のなかまはわたくしに頼っている」とこのように思う者こそ、修行僧のつどいに関して何ごとかを語るであろう。しかし向上につとめた人（如来）は「わたくしは修行僧のなかまを導くであろう」とか、あるいは「修行僧のなかまはわれに頼っている」とか思うことがない。向上につとめた人は修行僧のつどいに関して何を語るであろうか。

アーナンダよ。わたしはもう老い朽《く》ち、齢《よわい》をかさね老衰し、人生の旅路を通り過ぎ、老齢に達して、わが齢は八十となった。譬《たと》えば古ぼけた車が革紐《かわひも》の助けによってやっと動いて行くように、わたくしの車体も革紐の助けによってもっているのだ。

しかし、向上につとめた人が一切の相を心にとどめることなく一々の感受を滅したことによって、相のない心の統一に入ってとどまるとき、そのとき、かれの身体は健全なのである。それ故に（アーナンダよ）、この世で自らを島とし、自らをよりどころとして、他人をよりどころとせず、法を島とし、法をよりどころとして、他のものをよりどころとせずにあれ。

（『ディーガニカーヤ』）

※（悉く）以外の（ ）内は筆者

釈尊には一切我執がなかったから、すべてを公開して秘蔵するものはなかった。それも結局は、自己と法のみがよりどころとなるのであった。

島と訳された言葉は、灯明《とうみょう》とも訳し得る。そこで「自灯明・法灯明」ともいわれる説である。

なぜ、自己と法とのみがよりどころなのか。その句の前にあったように、一切の想念や感受を滅した当人の無相の心の統一こそに、真実（法）が実現する。それゆえに、自己を島とし法を島とせよと語られるのである。この「自灯明・法灯明」の句を導く「それゆえに」の語の前段を、我々は忘れてはならないであろう。

最後の弟子スバッダへの教え

釈尊は、ヴェーサーリーを発《た》って、さらに旅に出た。四つか五つかほどの村を渡って、パーヴァー村に入ると、鍛冶工チュンダのもてなしをうけた。しかし不幸にもその食事によって、入滅に至る急病を得てしまうのだった。

衰弱した体で、疲労を訴え、のどの渇きを叫びつつ、ようやくクシナーラーまでもたどりつく。そこのサーラ樹の林に入り、二本のサーラ樹（沙羅《さら》双樹《そうじゅ》）の間に頭を北にむけて休んだのが、釈尊の最期となった。アーナンダには、悲しむな、嘆くなと呼びかけ、自分に仕えてくれたことを感謝し、努め励めよと励ました。

このとき、スバッダという遍歴行者が教えを乞いに来た。アーナンダは、釈尊の身体を思って面会を拒絶したが、これを聞きつけた釈尊はスバッダを招き入れた。スバッダは釈尊最後の弟子となるが、このスバッダに釈尊は次のように語ったという。

スバッダよ。わたしは二十九歳で善を求めて出家した。
スバッダよ。わたしは出家してから五十年余となった。
正理と法の領域のみを歩んで来た。
これ以外には《道の人》なるものも存在しない。

（『ディーガニカーヤ』）

このことがあって久しからずして、釈尊は一生を終えたのであった。

釈尊は、善を求めて出家し、覚りを完成して法を説いて一生を終えた。善とはこの場合、社会的・道徳的な意味ではない。人間の根源的な解放のことである。それは、豊かさからの解放でさえあったのである。

そして説いた法は、その解放への「道」であった。すなわち、「自我に固執する見解をうち破って、世界を空なりと観ずる」（『スッタニパータ』一一一九）ことである。それは、自己自身の心の統一のなかに求められるべきものであった。

こうして、釈尊の生涯と目覚めのすべては、都市の文明や現代の知に、再考を迫るものなのである。

第二章　部派仏教の展開——アビダルマの迷宮

1　説一切有部と『倶舎論』

第一結集――経・律の確定

釈尊が亡くなる直前、弟子たちに訴えたことは、

自己を島とせよ
法を島とせよ

ということであった。仏教の開祖は後世の仏教徒に、自分のことを神格化したりカリスマ化したりするよう求めはしなかった。そういうことはむしろ明確に拒絶した。人々に、外側の制度や権威に惑わされることなく、ただひとえに自己の心を無相に統一していくなかに、真実を見出すよう呼びかけたのである。それは呼びかけという以上に、誡《いまし》めであったろう。

自己こそを第一に拠りどころとするとして、次に頼りとすべきは、やはり釈尊の教え・言葉である。釈尊が亡くなるとき、弟子たちはまず第一に釈尊の教えを集成し、永劫《えいごう》に伝えていく手はずをととのえたのであった。

この教えの集成のための会議を、結集《けつじゅう》（サンギーティ）という。仏教史上、結集は何回か行われたが、釈尊の滅（紀元前三八三年）後ただちに開かれたこの結集を、第一結集という。

このとき、釈尊の教え（ダンマ＝経典）は、晩年ずっとそばに仕えていたアーナンダがまず唱え、教団の規則（ヴィナヤ＝律）は、これに詳しかったウパーリ（優波離）がまず唱えた。結集の原語、サンギーティは、合唱を意味する言葉である。アーナンダやウパーリが唱えた句に対し、僧衆は唱和して承認する形で、仏説としての経と律がここに確定されたのである。

しかし残念ながら、それが実際にどのようなものであったかは、今日はもはや知られない。我々には、初期仏教（釈尊およびその直弟子たちの仏教）の経典として、前に述べたように漢訳の『阿含経』とパーリ語の『ニカーヤ』とが残されているが、それらは、この第一結集時よりもかなり後世の形を伝えるもので、おそらく相当の増広や改変があり、そのうち、これが釈尊の直説であるというものを正しく判別するのは、むずかしい状況にあるのが実情である。

教団《サンガ》の人員構成

ここで、経典と戒律を伝えていった釈尊の教団のようすを少し見ておこう。『スッタニパータ』には、「次に在家の者の行うつとめを汝《なんじ》らに語ろう。このように実行する人は善《よ》い『教えを聞く人』（仏弟子）である。純然たる出家修行者に関する規定は、所有のわずらいのある人（在家者）がこれを達成するのは実に容易ではない」（三九三）とある。

これによれば、釈尊は、本格の修行は出家しなければできないと考えていたことが知られる。基本的に、釈尊の宗教は出家主義なのであり、教団といえば、出家の男・女すなわち比丘《びく》・比丘尼《びくに》（ビック・ビックニー）の修行共同体に他ならなかった。それを「サンガ」といい、音《おん》で写して「僧伽」と書く。僧とは、僧伽の伽の落ちたもので、本来、教団のことであり、けっしてひとりの修行者を意味するのではない。仏・法・僧の三宝というときの僧宝も、サンガ（共同体・教団）としての宝のことなのである。ただし、東南アジアでもひとりの僧をサンガと呼ぶことはあるようである。

サンガに入団しようとする者は、入団後ずっと指導してくれる師を求め、依頼する。その師を、和尚《おしょう》（ウパッジハーヤ）というのである。和尚には、すでに十年修行した者というような資格が必要であった。

入団に際しては、二百五十もの条項から成る戒律（男性の場合。女性の戒律はもっと多い）を受けるが、それは十人の僧から成る授戒の儀式による。その十人の人たちを教授師という。その儀式を司《つかさど》るのは、羯磨《かつま》師である。

入団後は、和尚の指導の下に修行生活が送られるが、特に坐禅の修行や教義の学習に関しては、専門の師について学ぶことも許された。その師が、阿闍梨《あじゃり》（アーチャリヤ）である。和尚や阿闍梨等、日本ではややこの本来の意と異なって用いられている面が見られるが、サンガにはそのような教師の体系があって、後輩の指導・教育が徹底されたのであった。

人間の普遍的共同体としての四方サンガ

出家者の持ち物は限りなく無に近かった。三枚の衣と、食事のための鉢と、坐具と、そして虫を殺さずに水を飲むための漉水嚢《ろくすいのう》の、六つのみであった。食事は一日一食であり、正午を過ぎると、これを摂《と》ることは許されない。

もちろん食事は、午前中に托鉢《たくはつ》して得たものである。出家者は、「尽形寿乞食《じんぎょうじゅこつじき》」といって、生涯、乞食によって身命《しんみょう》を養《やしな》うのである。

サンガでの生活であるが、早暁に起きて坐禅し、托鉢のあと午前中に食事をする。日中は信者の家を訪ねたり、坐禅をしたりしてすごす。夕方、法堂《はっとう》に集まり、教えに関すること、修行に関することなどを話し合う法談のひとときをもつ。あるいは師を尋ねる。のち、自室に戻ってさらに坐禅をして、一日が終わる。

法談以外には、沈黙が尊《とうと》ばれた。歌舞演劇等を鑑賞することも戒律に禁じられており、およそ娯楽などというものはなかった。ここには、夜通し散乱する映像と音声のような、現代の騒然とした日常はない。ひたすら自己と向き合う静謐《せいひつ》があるのみである。

サンガのなかには身分による差別はなく、ただ入団時の先輩を敬《うやま》って、秩序ある生活が送られた。年齢によって敬われるのではなく、入団以後の年数（法臘《ほうろう》という）によって上下の関係が規定されたのである。道を求める清々《すがすが》しさと、互いに敬愛し合う温かさが、サンガを包んでいたことであろう。

このサンガは、地域ごとに自治によって運営された。ある一定の地域を限った修行共同体としてのサンガは、最少四人以上で成立したという。そうした、現実に運営されている自治組織としてのサンガを、「現前サンガ」という。

これら多数の現前サンガは、そのすべてが眼に見えない、つまり理念的な存在としての普遍的なサンガに包摂されていると考えられていた。普遍的というのは、地域的にどこまでも含み、時間的にも過去から未来へ一切時に存在しているということである。その限界のない、広大な仏教徒の共同体＝サンガがあって、そのなかに、我々の眼に見える具体的な個々のサンガがあると考えられたのであった。その眼に見えないサンガのことを、「四方サンガ」（チャートゥッディサ・サンガ）という。

四方の原語、チャートゥッディサは、招提《しょうだい》と音写された。奈良の唐招提《とうしょうだい》寺は、唐の鑑真《がんじん》を開基とする、あらゆる宗派（四方）の出家者のための、戒律を学ぶ道場である。

キリスト教には、個々の教会とは別に、イエスの身体としての「眼に見えない教会」が語られるが、四方サンガには、その眼に見えない普遍的な教会に対応する面があると見ることができよう。仏教徒は、いわば人間の根源的な共同体の一員なのである。

根本分裂と枝末分裂

釈尊の伝道の結果として、仏教の出家者たちの教団は、ひとわたりの勢力を保持して、インド社会に存続したのであった。

やがて、仏滅後百年ほどして（紀元前二八三年ころ）、それまでひとつの教団として存続してきた仏教サンガのなかに、意見の対立が目立つようになってくる。

百年も時が経過すれば、社会状況も相当変化するのは当然である。たとえば、釈尊は金銭の布施《ふせ》をうけてはいけないとしていた。しかし貨幣経済が発達してくると、金銭の授受も日常的となり、出家の教団もその影響をうけるのは止むを得ないことである。そうしたことなど、教団の運営や出家者の生活をある程度、時代に合わせて改善すべきだ、と主張する者が出るようになった。

当然、反対に、戒律はかの釈尊が制定されたものだから、厳格に守るべきだ、と主張する者も出てくる。こうして、和合僧ともいわれるように親しく和合すべきサンガのなかに、意見の対立が表面化してくるのであった。

このため、教団は深刻化したこの問題に決着をつけるべく、長老らによる会議を開き審議するが、結局、釈尊の制定された戒律はあくまでも守るべきだ、との裁定が下った。しかし、運営の改善を主張したいわば革新派はこれに納得せず、みずから新たな分派を形成するのである。

この分裂を「根本分裂」と呼ぶ。革新派のほうを「大衆部《だいしゅ》」といい、いわば保守派にあたるほうを「上座部《じょうざ》」という。なお、この分裂のころ、第二結集があったとされている。

ひとたび教団が分裂すると、その後しばらくして、意見の相違や人脈等々、さまざまな要因から、さらに分裂をくりかえすようになる。やはり保守的な上座部のほうが、その後の分裂の始まるのは遅かったが、それでもやはり分裂を来してくるのである。大衆部・上座部から、さらに細かい分派が形成されたことを、「枝末分裂」と呼ぶ。

古来、北方（中国—日本）に伝えられるところによると、根本・枝末両分裂の結果、二十ほどの教団が成立したという。実際は、もう少し多く存在したようである。

このように、釈尊の教団は仏滅後百年くらいして大きくふたつに分裂し、その後、次第に多数の教団に分裂したのであった。そのひとつひとつの教団のことを「部派」と呼ぶのである。

アビダルマ——世界の分析

そうした各部派の教えを内容とする仏教を、「部派仏教」と呼ぶ。それは、のちに大乗（偉大な教義。乗とは乗りもののことだが、教義を意味する）仏教の側から「小乗仏教」（劣った教義）と呼ばれたものだが、もちろん、各部派がみずからの教えを

部派分裂図（『異部宗輪論』による）

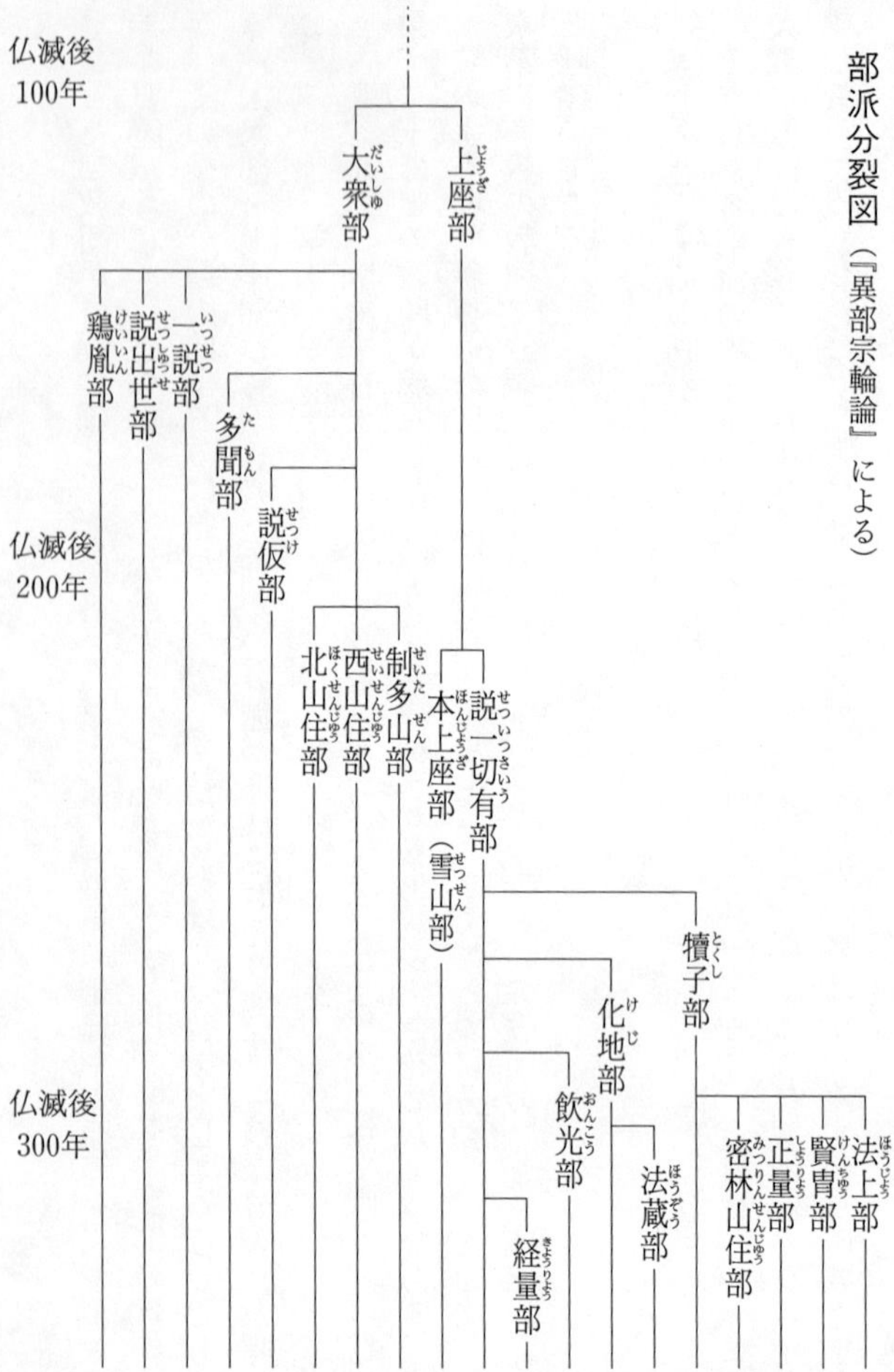

小乗といったわけではない。今日、スリランカやタイなどの国々に存在する仏教は、上座部（テーラヴァーダ）の流れを汲《く》むものであり、自分たちこそ釈尊以来の仏弟子の正統そのものと自任している。むしろ日本の仏教などのほうを、僧侶たちの生活も含めて、堕落した仏教であると考えているのである。

部派仏教の特徴は、どういうものであろうか。釈尊なきあと、専一に修行する出家の修行者らが、実践をふまえ、思索と議論を深めるなかで営々と積み上げてきた教えであるから、かなり詳細で複雑・煩瑣《はんさ》なものとなったことは、自然のことであった。釈尊自身の教え（言葉）は、時に簡明であり、時に相手に応じた表現が用いられたりしていたが、それらの集成としての経典に対し、のちの修行僧らは、概念を精確にし、論理を通し、矛盾的表現を解釈するなどして、一大教義体系を築いていくのである。釈尊の言葉を解釈し、掘り下げていくことは、また世界の認識を細部にわたって究明していくことでもあった。

部派仏教の仏教徒らの、そのような営みを、「アビダルマ」という。ゆえに部派仏教はまた、「アビダルマ仏教」ともいわれるわけである。

アビダルマの「アビ」というのは、「―に対して、―に向かって」の意である。したがって、アビダルマのことを漢訳では「対法」と訳した。

では、「ダルマ」すなわち「法」とはなんであろうか。法という言葉は非常に多義的な言葉であって、社会的な法律や自然的な法則を意味することもあれば、教えのことや、真理のことを意味する場合もある。今も述べたように、もともとアビダルマとは、釈尊の教え（教法）に対する究明であった。

しかし、法という語の仏教のなかでのひとつの基本的な用法・意味は、存在なり現象なりの究極的な単位となるもの、いわばその構成要素として取り出されるもの、のことである。この場合の法の定義は、「自相（独自の特質）を維持するもの」というものである。漢訳には、よく知られた言葉として「任持《にんじ》自性《じしょう》、軌生物解《きしょうもつげ》」（自性を任持して、軌となって人々にそのものの解を生ず）という言葉がある。

世界が千変万化していくなかでも、そのもののありようを失わず、このことによって人々にそのものとの認識を生ぜしめるものが、法なのである。

そうすると、アビダルマとは、存在なり現象なりの基本的な単位を分析していくこと、という意味になろう。自然科学では、世界の構成要素として、物質の究極の単位となるもの（原子など）を探究し、それによって世界を記述しようとする。心理現象をも、それらの物質的要素の変化や組み合わせなどで説明しようとする。それと似たところがある。

ただ、仏教では、物質的現象も心理的現象も同じ現象として同列に扱って、それぞれにその究極の単位となるものを探究する。それはのちに見る、五位七十五法にまとめられた。五蘊無我説のように、ここでも要素還元主義的なのである。その分析を基本として、世界のありようや修行の仕方などを克明に論じるのが、アビダルマ仏教である。

論蔵としてのアビダルマ

この「自相を維持するもの」としての法には、実は、変化する世界にかかわるものと、変化を超えた（離れた）ものとの二種類がある。前者を有為《うい》法と呼び、後者を無為法と呼ぶ。

誰もが知っている「いろは歌」は、漢字を交えて記すと、

色は匂《にほ》へど散りぬるを（どんなに栄華を誇っていても散ってしまうのだから）
我が世誰ぞ常ならむ（我がこの世に誰か常住なる人がいようか、何も常なるものはない）
有為《うゐ》の奥山、今日《けふ》越えて（有為転変の迷いの世界を、今は超克して）

浅き夢見じ、酔《ゑ》ひもせず（もう浅い夢はみまい、酔いもすまい）

となるが、そこに出てくる有為は、作られたもの、変化するもののことで、さらにいえば、生死輪廻の世界のことである。

この「いろは歌」は、『涅槃経《ねはんぎょう》』にある「諸行無常《しょぎょうむじょう》、是生滅法《ぜしょうめっぽう》、生滅滅已《しょうめつめつい》、寂滅《じゃくめつ》為楽《いらく》」の詩を和文にしたものである。その「いろは歌」の意味は、盛者必衰の無常の世にあって、生滅（生死）の有為の世界を超えることによって、もう迷うまい、無明・渇愛に酔い痴《し》れもすまい、というものであり、そこが寂滅すなわち涅槃を意味する。この寂滅の世界は、有為法に対する無為法の世界である。法の意味をこのダルマとすれば、アビダルマは、その有為法の個々に対して、また無為法の涅槃に向かって究明し、到達することをめざすことにもなるのである。

ところで、これらの教義を記した論書も、アビダルマと呼ばれる。よく「三蔵法師」というが、この三蔵とは、経蔵・律蔵・論蔵（蔵とは、文献群を意味する）のことであり、その論蔵とは、アビダルマ蔵（Abhidharma-piṭaka）のことである。このアビダルマ蔵は、釈尊が説いたものではなく、釈尊の説法の骨子をのちの弟子たちがまとめたものであるが、三蔵のすべては仏説と見なされている。それ以外の経典の

ものではない。注釈その他の仏典は、論という範疇《はんちゅう》に入るべきものであろうが、仏説と認められる

アビダルマ蔵としては、上座部のパーリ語によるものとして七論、漢訳で説一切有《せついっさいう》部《ぶ》のものとしては、同じく七論があるのみである。漢訳文献として、アビダルマ関係の論書は、説一切有部のものはそろっているが、それ以外の部派のものは非常に少ない。インド仏教の後期の文献にも、常に説一切有部の考え方が言及されており、部派仏教の代表は説一切有部であるとみてよいであろう。

ヴァスバンドゥ（世親）と『倶舎論』

部派仏教においては、初期にはアビダルマ蔵の作成、そしてそれらのさらに詳しい注釈書や、広汎な議論をまとめた書物の作成、やがて、体系的で簡潔な教義の綱要書の作成といった道すじをたどることになる。

そのうち、説一切有部の綱要書として最も有名なのは、『倶舎論《くしゃろん》』（アビダルマコーシャ）である。日本の南都六宗《りくしゅう》のなかにも倶舎宗があるが、それは、この書物を研究する学派である。唯識の法相宗《ほっそう》（唯識は大乗のアビダルマ仏教といってもよい）と関係が深く、よく「唯識三年、倶舎八年」（『倶舎論』を八年かけて学んでおけば、唯識

は三年で修了できるの意）という言葉がささやかれる。『倶舎論』はそれほど、要領を得た構成のなかにも汲めども尽きない議論をたたえた書物である。

『倶舎論』の作者は、ヴァスバンドゥ（世親《せしん》。天親《てんじん》とも訳される。四〇〇—四八〇年）である。ヴァスバンドゥははじめ説一切有部で出家し、部派の教学を学ぶが、次第に説一切有部の教学に疑問をもち、経量《きょうりょう》部の教学にひかれるようになった。その後ひそかに名を偽《いつわ》って説一切有部の本場であったカシュミールに入り、四年間、有部の教学を学び、かつしばしば経量部の立場に拠って有部を論破した。

このため、カシュミールの論師スカンディラ（悟入）の、難の及ぶのを避けるようとの助言によって郷里に帰り、そこで、それまで修学した、仏教学において無視し得ない説一切有部の主たる哲学書『大毘婆沙論《だいびばしゃろん》』を、弟子たちに講じた。毎日、その日の講義を一頌《いちじゅ》（ひとつの詩）にまとめて、ついに六百頌となった。これが、『倶舎論頌』（『倶舎論』の詩の部分）である。つまり、『倶舎論頌』は、説一切有部の要義をまとめたものなのである。

ヴァスバンドゥがカシュミールにこれを届けさせると、説一切有部の学徒たちは、自分たちの教義を簡潔に明らかにしたものと喜んだが、かのスカンディラは不審を抱き、さらに詳しい解説を施すよう求めてきた。そこでヴァスバンドゥは、その六百頌に注釈を加えるが、こうして成ったのが、『倶舎論』である。

実は『倶舎論』の解説の部分では、経量部の立場から説一切有部の教義を論破する箇所が往々にあった。そこにヴァスバンドゥの本領を発揮したわけである。そこでスカンディラの弟子サンガバドラ（衆賢《しゅげん》）は、説一切有部の正当性を守るべく『倶舎雹《くしゃばく》論』を著わし、ヴァスバンドゥに論争を求めた。しかしヴァスバンドゥはすでに老齢だったのか、この論争は展開しなかった。なお『倶舎雹論』を評価して、その名を『順正理論』と改めさせたのは、ヴァスバンドゥであるという伝えもある。

ヴァスバンドゥは、そのように部派仏教の教義に詳しかったが、その後、実兄アサンガ（無著《むじゃく》）の教誡をうけて大乗に転向し、唯識関係の著作を残すのであった。

以上は伝記に拠るもので、はたしてどこまで本当かは疑問である。ただいえることは、『倶舎論』が説一切有部の教義への批判を内包しているとしても、説一切有部の教義を要領よくまとめていることも事実である、ということである。この論書は、その後のインド思想界に名著のほまれ高く、「聡明論」と呼ばれて、仏教以外の学派の者によってもさかんに研究されたのであった。

以下、『倶舎論』に拠りつつ、説一切有部の教義の一端を紹介し、アビダルマの世界をのぞいてみることにしよう。

2　五位七十五法の世界分析

世界を構成する「五位七十五法」

説一切有部では、さまざまな形で存在を究明している。
有るものは何か、を究《きわ》めていくと、けっこう困難な問題につきあたるものである。我々は日常、さまざまな事物の存在を疑うことはないが、ひとたび反省してみると、いかにそれらは根拠のないことであるかが明らかになろう。

たとえば森とか軍隊とかは、有るといえばいえる。しかしこの場合、真に有るのは、木々や兵たちのみであろう。では、木や兵などは、本当に有るものだろうか。木にしても兵にしても、なんらかの要素がぎっしりつまっているものにすぎないのかもしれない。花瓶《かびん》は、土の微粒子の集合にすぎないはずである。

そうした、要素の和合としての存在は、けっしてそれ自体としてひとつの実体ではないのだから、仮に存在するというだけのもの、仮有《けう》でしかない。本当に有るものではなかったのである。これに対し、それらを構成している究極的な要素にあたるものがあるとすれば、それは、事実有るもの、実有《じつう》と呼べるであろう。物理的に分割しても、知的に分析しても、これ以上分けられないものこそが実有であり、一方、それらの集合体は、ひとつのものとして存在するのではないから、仮有でしかないであろう。

これら実有と仮有とを勝義有《しょうぎう》と世俗有という呼び方もする。世俗とは、具体的には言語習慣を意味する。本来、集合体でしかない森や木さえも、言葉を介してひとつのものと認識するからである。我々は日常、およそ言葉を介して認識しており、逆に認識が言葉による以上、ほとんど仮有のものしか認識していないのが実情であろう。

そういう日常的な認識を反省したとき、結局、世界の構成要素となるべきものは何かが問題である。それも必ずしも物質界のみではなく、心理現象も含めて、考察の対象となる。そのなかで各部派は、「自相を維持するもの」はいったい何なのか、と世界を構成する法を分析したのであった。

説一切有部は、その法に七十五をかぞえた。それは、色法・心法（心王《しんのう》）・心所有法《しんじょう》（心所）・心不相応法・無為法の五つの範疇に分かれるので、「五位七十五法」といわれている。

色法と心法

「五位七十五法」のうち、色法とは物質的現象にかかわるもののことで、これに、五感の対象としての色《しき》・声《しょう》・香《こう》・味《み》・触《そく》（五境）、五感の器官の眼《げん》・耳《に》・鼻《び》・舌《ぜっ》・身《しん》（五根）があり、さらに無表色《むひょうしき》という特別なものがある。無表色は、強烈な善や悪の行為を行ったとき、その行為がその人のその後の人生に強い影響力を与える、その影響力のもととなるものをいうが、それを特別な色法とみるのである。たとえば、受戒すると、その人に一生、悪をなさしめないような力がそなわるが、その規制力のもととなるものを、無表色というもので表す。

次に、心法（心王）は、いわば心の中心となるものである。説一切有部も唯識も、心《こころ》というものを、けっしてひとつのものと見ない。我々はひとつの心があって、それが種々作用すると思い込んでいるが、かれらはそうは見ず、多様な心理現象は多彩な心理的要素が、そのつどそのつど組み合わせを変えつつ生起しているのみだと説く。その多彩な心理的要素を心所有法（心所。心王に所有される法）というのであり、その中心となるのが心王である。心王は対象の全体像を認識し、心所はその個別相を個々認識するという。

心王と心所は、同時にともに起きる（心王なしに心所のみ起きるということはな

五位七十五法（各法の内容は、第五章二五八―二六一ページの唯識の五位百法に準じる）

- 有為《うい》法
  - 色法《しき》（11）
    - 眼根《げんこん》・耳《に》根・鼻《び》根・舌《ぜっ》根・身《しん》根（感覚器官）
    - 色境《しききょう》・声《しょう》境・香《こう》境・味《み》境・触《そく》境（感覚対象）
    - 無表色《むひょうしき》
  - 心法《しん》（1）
    - 心王《しんのう》
  - 心所《しんじょ》有法（46）
    - 大地法《だいじ》――受《じゅ》・想《そう》・思《し》・触《そく》・欲《よく》・慧《え》・念《ねん》・作意《さい》・勝解《しょうげ》・三摩地《さんまじ》
    - 大善地法《だいぜんじ》――信《しん》・勤《ごん》・捨《しゃ》・慚《ざん》・愧《き》・無貪《むとん》・無瞋《むじん》・不害《ふがい》・軽安《きょうあん》・不放逸《ふほういつ》
    - 大煩悩地法《だいぼんのうじ》――無明《むみょう》・放逸《ほういつ》・懈怠《けたい》・不信《ふしん》・惛沈《こんじん》・掉挙《じょうご》
    - 大不善地法《だいふぜんじ》――無慚《むざん》・無愧《むき》
    - 小煩悩地法《しょうぼんのうじ》――忿《ふん》・覆《ふく》・慳《けん》・嫉《しつ》・悩《のう》・害《がい》・恨《こん》・諂《てん》・誑《おう》・憍《きょう》
    - 不定地法《ふじょうじ》――悪作《あくさ》・睡眠《すいみん》・尋《じん》・伺《し》・貪《とん》・瞋《じん》・慢《まん》・疑《ぎ》
  - 心不相応行《しんふそうおうぎょう》法（14）――得《とく》・非得《ひとく》・同分《どうぶん》・無想果《むそうか》・無想定《むそうじょう》・滅尽《めつじん》定・命根《みょうこん》・生《しょう》・住《じゅう》・異《い》・滅《めつ》・名《みょう》身・句《く》身・文《もん》身
- 無為《むい》法（3）――択滅《ちゃくめつ》無為・非択滅無為・虚空無為《こくうむい》

い）が、このことを、相応するという。それは、時を同じくし、器官（根）を同じくし、対象（所縁）を同じくし、対象の像（行相）を同じくする。そして、ひとつの心王に対し、各々の心所は各々ひとつのみ相応する。

さて、説一切有部は、心王をひとつしかかぞえていないので、それが眼根に拠って起きる（作用する）ときは眼識、耳根に拠って起きるときは耳識、意根に拠って起きるときは意識となる、と考えるのであろう。しかし我々は、テレビを見ながら同時にその音声を聞き、かつあれこれ考えたりすることがある。それはどうして可能なのであろうか。それは、眼識・耳識等や意識は、ものすごい速さで入れ替りながら起きているのが、我々には同時と感じられるのだ、という説明となるのである。

「心所」を詳しく分析する法の体系

すでに法として、五境や五根、さらに心王・心所があることを見た。仏教では古来、世界を「色・声・香・味・触・法・眼・耳・鼻・舌・身・意・眼識・耳識・鼻識・舌識・身識・意識」の十八界（六根・六境・六識。つまり、六つの器官・六つの対象・六つの主観）で説明することもあった。

これに対し七十五法では、とりわけ心所という多彩な要素がより詳しく分析されている。心所は、大きく分けると、どんな場合でも心王とともに必ず相応して起きるもの（大地法）、善の心には必ず相応して起きるもの（大善地法）、不善の心等に相応して起きるもの（大煩悩地法・大不善地法・小煩悩地法）、その他（不定地法）となる。そのなかでも、煩悩に関する分析が最も詳しい。

さらに心不相応行法がある。これは物（色）でも心でもないが有為（現象）であるような法である。あまり我々に親しくないものが入っているが、たとえば同分とは、生物の種のようなものである。また命根は、寿命のことである。

さらにここにある名身《みょうしん》・句身《くしん》・文身《もんしん》は、仏教の言語観の一端を示すものとして注意される。仏教では言語を、名前（名単語）・文章（句）・音素（文身の文は、アルファベットを意味する）の三者によって分析する、そして説一切有部は、これらすべてを法として実在すると見る。「松は青い」といった文章（主述関係）自体が、先験的に存在しているのだ、との説になるのである。

さらに、無為法として、択滅《ちゃくめつ》・非択滅・虚空《こくう》という三つがあがっている。重要なのは択滅無為で、これは涅槃を意味するのである。

現代思想にも通じるアビダルマの世界観

以上は、ごく簡単な七十五法の概要である。各々の法の内容については、唯識の五位百法とあまり違わないので、そちらの説明にゆだねることにしよう（第五章二五八―二六一ページ参照）。

ここにある世界観は、多様な構成要素の組み合わせの変化以外に現象世界はない、との見方である。その意味で、多元主義であり、これをダルマ多元論と呼ぶことができよう。

ふつう我々は、自己がいて、自己の外に事物からなる世界があって、それをそのとおりに認識している、と考える。自己は生まれてから今に至るまで変わらない存在であり、それは未来にも続いていく、と考える。そこに、「常・一・主・宰」の我を認めているのである。

しかし、たとえば自然科学の立場に立てば、人間は原子・分子等の集合にすぎないということになって、常住の自我など、認められないことになろう。五位七十五法のアビダルマにおいても、心でさえ別々の複数の心の束にすぎず、したがって常・一・主・宰の「我」は解体されざるを得ないことになる。

もし、本来存在しないものを誤って存在するとみなし、しかもそれに執著するとしたら、つまりまったく有りもしないものにしがみつくとしたら、これほど悲しいことはないであろう。五位七十五法のアビダルマは、そのように、自我の空なることを説明する理論になっている。釈尊が初転法輪で説いたという「無我相経」の五蘊無我説が、さらに詳しく分析されているわけである。

それだけでなく、実に「物」というものも、ここでは解体されざるを得ない。たとえば「りんご」というものを、我々はそういうひとつの個体が有ると考え、それが丸い形や赤い色や甘酸《あまず》っぱい匂いをもっていると思っている。ちょっと反省するときは、原子や分子の集合としてのりんごが、そのような性質をもっていると考えるであろう。

しかし、前述の法の体系においては、有るのは、色・香・触等々のみである。そういう五感の対象が、個々別々にまず有るのである。りんごというものは、それら先にある別々の感覚等を、あとでひとつにまとめたものにすぎない。

そこに介在してくるのが、言語である。我々が直接得ているものは、個々の感覚のそのときそのときの片々のみであるが、その流れをあとで言語によって束ねまとめて、ものが有ると思うのである。その意味で、「もの」はやはり幻想の産物でしかなかったのである。実際、我々の認識において最も直接的なものを考えるとしたなら、アビダルマの分析のようにならざるを得ないであろう。

このような考え方は、我々現代人にはあまりなじみのないものかもしれない。しかしけっして、あまりにも特殊だというわけではない。

たとえば西洋でも、アインシュタインに大きな影響を与えた哲学者エルンスト・マッハ（一八三八―一九一六）は、やはり我々の日常の経験に関して、直接的には色・形・音・香等の感覚要素の複合相を得るのみだとした。物体が感覚を産出するのではなく、複雑きわまりない連関のうちに現成する一定の要素複合体（感覚複合体）が物体をかたちづくるのであり、ものとは、その諸々の要素の複合体に対する思想上の「記号」にすぎないと説くのである。「色、音、熱、圧、空間、時間、等々は、多岐多様な仕方で結合し合っており……この綾織物から、相対的に固定的・恒常的なものが立現われてきて、記憶に刻まれ、言語で表現される」（廣松渉『事的世界観への前哨』勁草書房）とマッハは説く。

マッハは、自我や物体よりも根源的なものとして、諸々の感覚要素があるのみとした。それは、西洋近代の科学思想を主導した、主体が世界の外にあって世界を対象とし分割・支配するという立場に、根本的な批判を加えたものであった。主・客二元分裂以前の「事」を中核として世界を見ていく見方に、端緒を与えるものであった。アビダルマ哲学は、そういう思想をすでに先取りしていたわけである。その意味で、アビダルマの体系はけっして古代の無意味な煩瑣哲学であるだけとはいえない、むしろ主・客二元論の超克をめざす現代思想にとって、再び顧みられるべき内容をそなえた、豊かな思想の田地なのである。

3　縁起・輪廻・業

世界を「縁起」によって見る

こうして、説一切有部の世界観では、我や物としての存在は否定される。ただ個々の法（自相を維持するもの）のみがあることになる。そこを「我空法有《がくうほうう》」の立場という。

それが大乗に至ると、法すらもその存在性を空《くう》じられて「我法倶空《がほうぐくう》」（「人法《にんぽう》二空」）が主張され、一切法無自性が説かれていく。そうであってこそ、覚ってのち、現実世界に還《かえ》ってきて縦横に働くことができるというのであるが、そのことについてはまたのちに述べよう。

ところで、世界はさまざまな法《ダルマ》の集合・離散によって説明されるとなると、では、その集合・離散は何によって起こされるのか、が問題となろう。それについて、仏教は「縁起」をいうわけである。

縁起というのは、単なる因果律と異なり、因→果に、さらに縁（条件）をも加味して見ていくものである。よくいわれることだが、植物の種子が発芽し、花を咲かせ、実を結ぶとして、種子が因、花や実が果だとしても、そこに、土・水・日光等々のさまざまな条件がなければ、このことは実現しない。たとえ因があっても縁がなければ果の生じようもないというのが、「縁起」の思想である。

このように、縁起において世界を見ていくことは、たとえば、超越的でしかも思いのままに人間世界に介入してくるような存在を、認めはしないということである。一方、すべてが単に偶然に起きてくる、というのでもない。因―果の必然性がないわけでもないからである。さらに、すべてもとより運命において定まっている、というのでもない。個々人の意志に基づく行為が、さまざまな因縁を形づくり、さまざまな結果をもたらしていくはずだからである。各人の意志に基づいて、世界のありようを新たに裁《た》ち直していけるのである。

このように、縁起説は他の世界観に対抗する、仏教独特の立場なのである。一般には、釈尊は「十二縁起」を覚ったとよくいわれるのであったが、その十二縁起は、個人の生死輪廻のありようを示す、どちらかといえば時間的な因果関係を説くものであった。そうした縁起の解釈が展開して、説一切有部では、六因・四縁・五果の関係を説いた。複雑なアビダルマの思想がますます煩雑になっていくが、その分析を以下にひととおり見ておこう。

六因・四縁・五果

因には六つある。そのうち、まず第一に能作因《のうさ》とは、あるものが生じるとき、他の一切のものがそれに対し、以下の五因以外の形でなんらか関与していたり、少なくともその生起を妨げないものをいう。実はこれには、縁にあたるものも含まれてくるのである。

第二に、倶有因《くゆう》とは、果と同時（倶）に存在する因で、したがって空間的な因果関係のなかの因である。横浜のベイブリッジを鋼鉄の綱が吊《つ》っているとき、綱は橋の倶有因となるであろう。

第三に同類因《どうるい》とは、同類の法が前後相続して現象しているとき、前の法が同類の後の法を引き出す因となる、そのことをいう。

実は説一切有部では、有為法の現象を、刹那《せつな》刹那、生滅しながら流れている、と見ている。これを刹那滅という。仮に、橋が法だとすると、刹那刹那、橋の法は生じては滅し、生じては滅している。ただ同類の法が相続するがゆえに、そこに一定の存在があると見られるのみである。このとき、前刹那の橋の法は、次の刹那の橋の法を呼び起こしてくる。それを同類因というのである。もちろんこのことが、橋というようなものとしてでなく、法を単位として行われているのである。

第四に、相応《そうおう》因とは、倶有因のなかのひとつといえるが、特に心王・心所が相応して（同時に一緒に）起きているとき、両者は互いに因となっていると見て、これを立てるのである。

第五に、遍行《へんぎょう》因とは、悪見（悪しき見解）—疑—無明などの根本的な煩悩が、遍《あまね》く一切の煩悩の起こる因となるところをいう。

第六の異熟《いじゅく》因とは、業が未来世にどこかの世界での生誕をもたらす、その生誕としての果に対する因としての業のことである。業とは、行為とその行為が及ぼす影響力のことである。善の行為を多く行えば、のちに楽の多い世界に生まれ、悪の行為を多く行えば、のちに苦の多い世界に生まれる。その楽としての結果、苦としての結果は、すでに善・悪の観点から見れば善でも悪でもないので、無記といわれるものである。したがって「因《いん》是《これ》善《ぜん》悪《あく》・果《か》是《これ》無《む》記《き》」ということになる。善・悪の性質に関し、因と異なって果が熟すので、異熟というのである。

次に、縁は四つに整理される。そのうち第一に因縁《いんねん》は、縁といっても要するに前の因（六因）のことである。ただし能作因中、縁にあたるものは除かれる。

第二に等無《とうむ》間《けん》縁は、特に心法の相続において、前刹那の心が滅すると、そのことが次の刹那の心の生じる道を開くことになるというので、その前滅の心を特に等無間縁というのである。滅することにおいて、次のものが生まれる助けとなるのである。

第三に所縁《しょえん》縁は、心法のために対象となってその心法を起こさせるものである。だから所縁縁は、対象としての縁ということである。

第四に増上《ぞうじょう》縁とは、ともかくなんらか間接的にであれ、そのものの生起を助けたり、さらにそのものの生起を妨げないというあり方でかかわるものをいう。とすれば、およそ一切のものが、ここに入ってくるわけである。前の能作因中の縁と重なるものである。

このように、因といってもそのなかに縁があり、縁といってもそのなかに因がある。そして縁起はアビダルマ仏教において、必ずしも時間的だけでなく、空間的も含

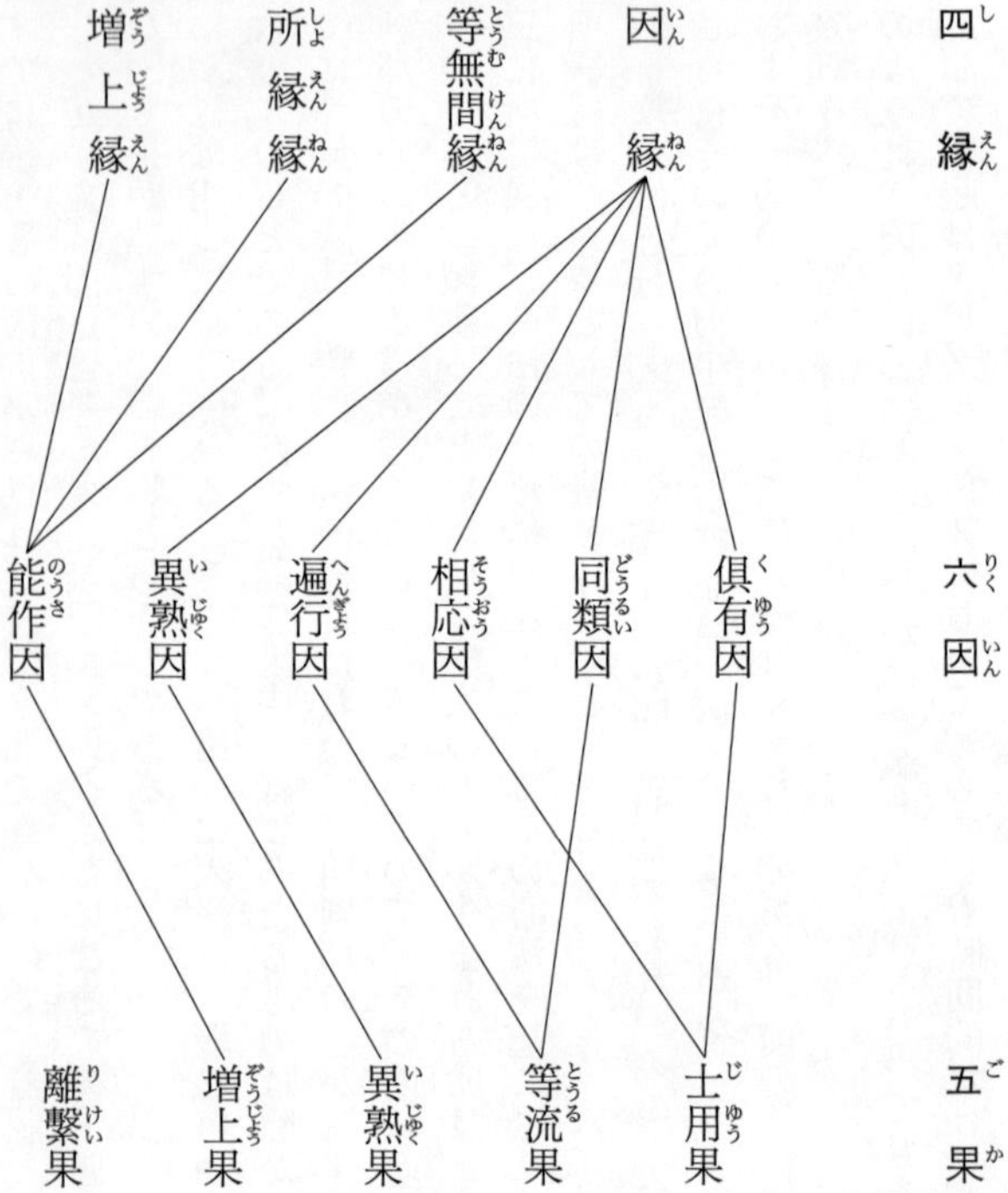
四《し》縁《えん》
因《いん》縁《ねん》
等《とう》無《む》間《けん》縁《ねん》
所《しょ》縁《えん》縁《ねん》
増《ぞう》上《じょう》縁《えん》
六《りく》因《いん》
倶《く》有《ゆう》因
同類《どうるい》因
相応《そうおう》因
遍行《へんぎょう》因
異《い》熟《じゅく》因
能作《のうさ》因
五《ご》果《か》
士《じ》用《ゆう》果
等流《とうる》果
異《い》熟《じゅく》果
増上《ぞうじょう》果
離《り》繋《けい》果

めて、非常に多角的に究明されてきたのであった。

さて、果には五つあるのであった。そのうち第一に増上果とは、能作因によって引かれる果をいう。ある現象が成立したとき、それを能作因に対しては増上果という、ということであろう。

第二に、士用果とは、倶有因と相応因に対して、その果をいう。因果関係が同時に成立している場合の、その因に対する果である。

第三に、等流果とは、同類因および遍行因の果である。つまり、同等のダルマから引き起こされる果である。

第四に異熟果は、異熟因の果、つまり業の結果、人間なら人間、畜生なら畜生として生まれたものをいう。生死輪廻はまた、六道《りくどう》輪廻でもあった。

さて第五に、離繋果とは、修行が完成し、煩悩の繋縛《けばく》を離れたところに顕《あらわ》れる涅槃のことである。四諦でいえば、滅諦である。では、この因はなんであろうか。実は、離繋果すなわち涅槃そのものは、その因をもたない。涅槃は無為法であり、したがって因果にかかわらないのである。ただ煩悩が止滅すれば、そこに現成するのであるというわけで、この離繋果は、因のない果なのである。

こういうと、涅槃ははじめからどこかに存在していて、修行して我々はそこに達する、というふうに考えられるかもしれない。ある局面ではそういう説き方になるのも、止むを得ないであろう。

しかし事実は、無為法が無為法として実現するとは、我々の心のありようが、有為のあり方、すなわち時・空の枠組みにおける分別を離れたところでのことであろう。禅定を深めて、煩悩の激流を渡って、真にこの世とかの世とを離れたところに、涅槃は実現する。そこはむしろ、不生・不死の世界である。そのただ中にのみ、離繋果はあるのであり、我々がそれをもともとあるとか無いとか考えてもほど遠いだけであろう。

いずれにせよ、縁起の世界とは、説一切有部のアビダルマにおいては、六因―四縁―五果の交響の世界である。この因・縁・果の論理によって、神や第一原因を認めず、単なる偶然論も認めない、独自の世界観が示されたのである。そこにアビダルマの煩瑣な体系が確立されたのであった。

そして重要なのは、有為の世界として表現された縁起を超えて、離繋果という、それ自身の因をもたない世界が実現することなのである。

『倶舎論』の説く輪廻

以上のように、説一切有部によると、世界は、その基本的単位として物質的・心理的等のさまざまの法が分析されて、それらの縁起における集合・離散によって説明されるべきものであった。要約すれば、そういうことである。それなのに、無明があるがゆえに我々は、自我という常住・単一・主宰者の存在を勝手に認め、それに執著している。

またものを認め、ひたすらものを欲し、ものにとらわれている。そうして、数々のいわれなき苦しみを起こしているだけでなく、闇路《やみじ》から闇路へと、生死輪廻している、というわけである。

この生死輪廻は、すでに述べたように、我々の無明に基づく行為自身がもたらしているのであった。

迷いの世界は、地獄・餓鬼・畜生・修羅・人間・天上と、六道あるのであったが、それはまた、欲界・色界・無色界という三界のなかの世界である。欲界のなかに地獄より人間界までがあり、さらに天も一部（六欲天）ある。色界・無色界は天界であり、そこに何層かの段階もある。ちなみに、色界の最高位の天を有頂天《うちょうてん》という（無色界の最高位をいうとの説もある）。

ここには、感覚世界から非感覚世界へと階層を構成する仏教独特のコスモロジーがあるが、ともあれ我々は我々の行為によって、将来誕生すべき世界が決定されていくのである。ゆえに、これは運命論ではないし、ニヒリズムでもない。仏教の開祖、釈尊は他の学派から、行為論者（カルマヴァーディン）といわれたが、業の思想は、これまた仏教の特徴を代表する重要な思想であった。

ところが、業によって輪廻するという以上、そこには、なんらかある者がその同一性を保ちながら生まれては死に生まれては死に、と生死をふんでいくということがなければならないであろう。

たとえば説一切有部は、この輪廻ということを、四有《しう》ということにおいて説明する。母胎に受生した瞬間（その刹那）を生有《しょうう》といい、以後の一期の生の期間を本有《ほんぬ》という。死の瞬間（そのように、死を一刹那においてとらえている）を死有《しう》といい、そのあと中有《ちゅうう》に入る。中陰《ちゅういん》といわれるものも、同じものである。中有には最長四十九日間いて、また業によりどこかに生まれていく（だから死後四十九日目に、満中陰の法事を行ったりするのである）。

このように、生有→本有→死有→中有→生有→……という環《わ》を回しつづけるのが、輪廻である。

仏教の考える宇宙像

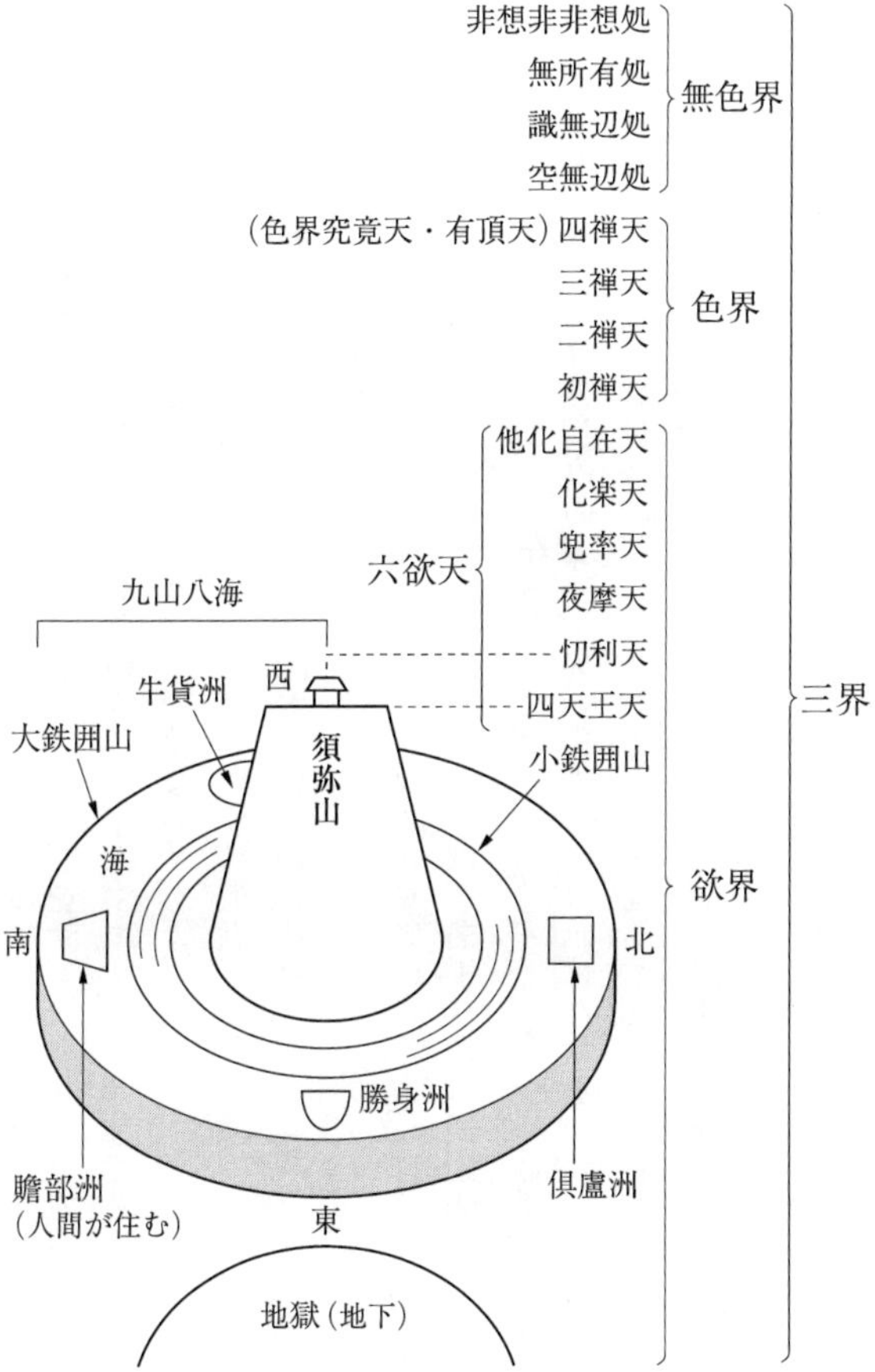
非想非非想処
無所有処
識無辺処
空無辺処
無色界
（色界究竟天・有頂天）四禅天
三禅天
二禅天
初禅天
色界
他化自在天
化楽天
兜率天
夜摩天
忉利天
四天王天
六欲天
三界
九山八海
西
牛貨洲
大鉄囲山
須弥山
小鉄囲山
海
南
北
欲界
勝身洲
贍部洲
（人間が住む）
東
倶盧洲
地獄（地下）

本有から死有へ、つまり臨終を迎えるにあたっては、時に身体中のツボのようなものが断割される苦しみを味わうという。そのツボのことをサンスクリットでマルマンといい、その苦しみを断―末摩《まつま》の苦しみという。末摩はマルマンの音写であり、決して断末時に魔がおそってくるなどということではない。

死有から中有へは、確かに光に出会うのだともいう。最近、臨死体験の調査が行われ、多くの人が慈愛に満ちた光に出会うと語っているが、それと符合することも『倶舎論』に説かれているわけである。

しかし、仏教の説くところからすれば、キュブラー・ロスのいうように、死はまゆのなかのさなぎから蝶へはばたくことなのだというのは、あまりにも楽観的すぎることとなる。というのも、最長四十九日間が過ぎれば、過去の業によってまたどこかへ、場合によっては、より苦しみの多い世界へ生まれなければならないからである。

中有では、我々の肉眼では見えないような微細な身体をもつという。それは物体の固体性を障害ともせず、思ったところへすばやく行けるのだという。形状は、次に生まれるべき世界に住むものの形を先取りしたものである。

この中有において、六道（六趣）の上位の境涯に有るものは、下位のものの身体を（たとえば、人間は餓鬼を、天上は人間を）見ることができるし、地上の人間も神通力をそなえれば、それらを見ることができるという。そうして、次の生を受くべき業縁が熟すると、中有を脱して次の生有（受生）へ赴《おもむ》くが、誕生するときには、過去の記憶を消すのであろう。

「業」によって定まる輪廻

このように、『倶舎論』は死後の世界があることも説いている。とすれば、やはりなんらか同一性を保つものがつづいていく、と考えられてしまうであろう。しかし、仏教はあくまでも、常・一・主・宰の我は認めないはずである。そうではあるけれども、しかし何かつづいていくものがなければ、生死輪廻ともいいがたいであろう。

業に基づく輪廻は、もっぱら自業自得（みずから行為したその結果をみずからに受ける）でなければならない。そうでなければ、みずから修行しなくても、他人が修行することによって自分が解脱してしまったり、自分が犯した罪の結果を他人がかぶってしまうようなことになるが、それは理不尽であろう。やはりみずから行った行為の結果は、みずから受けるのでなければならない。

それが可能であるためには、やはり自己から自己への連続性を保つなんらかのものが必要ではないか、と考えられよう。

しかし、説一切有部は、この業による輪廻を説明するのに、時間的に自己同一的な存在をなんら認めない。業がつくられると、その業の力が、個体としての「一定のダルマの組み合わせ」を、一定期間、維持していくのみであるという。それが、ひとりの人間としての生に他ならないという。徹底して無我なのである。

個体に相当するものは、ふつう五蘊（色・受・想・行・識）で表現されるが、そのなかの行蘊に、受・想を除く心所や心不相応法が含まれるのであって、したがって五蘊とはまた七十五法（ただし無為法はのぞくので、七十二法）といってもいいわけである。

この世の五蘊の集合の期間が終わると、中有の五蘊が出現し、それも尽きると、新たな五蘊が出現するのである。すべては業がつくったその力が、一定のダルマの集合体としての個体性を存続させていくのみである。こうした縁起観を、「業感《ごうかん》縁起」という。

なお、業（行為）は、身・語・意の三方面において分析されている。身体的行為・発語的行為・精神的行為の三つである。

もちろん精神的行為ともいうべき意志が、他の二つの業の基《もとい》となる。まず意志がはたらいて、その上で何かをいったり行ったりするのであり、そのすべてを行為と見るのである。

ゆえに、輪廻のなかに沈むか浮かぶかは、まず意志が悪に向かうか善に向かうかが根本である。けっして神に左右されるのでもなく、運命で決定されているのでもなく、ただみずからの意志とそれに基づく行為が、みずからのあり方を形成していくのみである。

結局、我々は、仏教の説く善をめざし、善を行うことによって、生死の苦しみから解脱し得るのである。そしてその善は、他ならぬ無我に徹底することを志向するであろう。

では、具体的にどのようなことが善なのであろうか。今やこのことこそが、問題の中核となろう。次に、説一切有部の修道論を簡単に見ることにする。

4　修行と涅槃

阿羅漢に至る修行のプロセス

まず、修行の階程を述べると、最も初歩的な段階に、身器《しんき》清浄《しょうじょう》を修す、ということがある。それから本格的な修行に入っていくが、三賢（順《じゅん》解脱《げだつ》分《ぶん》）・四善根（順《じゅん》決択《けっちゃく》分《ぶん》）の位《くらい》があり、さらに見道・修道・無学道がある。

見道においてはじめて煩悩を離れた智（無漏智《むろち》）が生ずるのであり、それ以後を聖《しょう》位《い》という。これに対し、三賢・四善根は賢位である。賢と聖では、覚りの智慧があるかないかという、決定的な違いがあるのである。

無漏の智が生じても、さらに修行を積み重ねていって、無学道に達すると阿羅漢《あらかん》という、この仏教で最高の位を成就するのである。無学道とは、もうこれ以上学ぶものが無くなった位のことである。

さて、はじめの身器清浄とは、主に少欲知足を実践して出離の修行に備える段階である。ものへのあくなき執著をひるがえし、誤った思索からも離れていく、本式の修行への準備段階である。世間から出世間へ、文明から原野へ、地位と役割の体系のなかの一個から、あらゆる他者と共存する個への方向をめざすのである。

三賢の段階に入ると、種々の観法を実践していく。はじめに、不浄観・慈悲観・縁起観・界分別観・数息観の五停心《ごじょうしん》観を修す。

不浄観には、自他を白骨と見る骨鎖《こっさ》観などが含まれる。美しくなめらかな容姿もやがてはただれ落ちて、残るは白骨のみになると観じて、貪欲を対治していく。はじめは自己の一部に注意をあてて、そこは肉が落ちればはかない白骨のみにすぎないと観察し、次第にこれを全身に及ぼして、自己はすべて白骨のみと観じていく。さらにこれを他身に及ぼしていくのである。いかにも不自然ではあるが、想像力を駆使して、この世の本来の実相を観じていくのである。

数息観は、呼吸をととのえつつそれを数えることに集中して、心の散乱を抑え、無我を観じていく。これらによって禅定が深まっていくのである。日本の禅宗においても、まずは数息観から修していく。

次には、身と受と心と法について、不浄である・苦である・無常である・無我であると観察していく段階に入る。我々はおよそ自我やものに関して、常・楽・我・浄と考えているが、その顚倒《てんどう》した見方を種々の方面から正していくのである。これを四念住(四念処)といい、これに別相念住と総相念住があるという。
こうして、四善根の位に入っていく。それは、見道の無漏の智慧(＝善)のもと(根)となるものである。
四善根は、四諦十六行相といって、苦・集・滅・道の四諦を各々四つの面から観察していくもので、その観察が深まり、煩悩を断じていくと、四諦の理を照らす智が発生して見道に達するのである。
四諦十六行相は複雑なので、今、苦諦についてのみいうと、非常である(常住でないこと)・苦である・空である・非我であるという四つの面から見ていく。すなわち、我々の迷いの世界の一切法は、
因縁をまって生ずるものであり、念々生滅するので、非常であり、
身心《しんじん》を逼迫《ひっぱく》悩害する性《しょう》のものなので、苦であり、
ひとつとして、我が所有のものではないから、空であり、
ひとつとして、常・一・主・宰の義がないから、非我である。
と苦としての現実を観じていくのである。このような観察が深まっていくので、煩悩

が対治されていき、智慧が生まれてくるのである。

見道は、四諦の理をはじめて見照する位である。見照するというのは、知的に観察するのではなく、直観的に証するということである。ゆえにこの位の四諦の観を、現観という。

いったい、その現観なり無漏智なりの対象としての四諦の理とは、何なのであろうか。それは四諦の因果関係ともいえないことはないが、私は、滅諦（涅槃）そのものがそこに証されるのだと思う。

いずれにせよ見道は、ひとつの覚りの位である。しかし、そこですべてが解決するのではない。無始のときより以来、個体にしみついた惑《わく》（煩悩）は簡単には断じ尽くすことができない。そこで、以後さらに修行を重ねていって、最後に阿羅漢に達するのである。阿羅漢（アルハット）には、供養に価《あたい》する者（応供《おうぐ》）、煩悩を断じ尽くした者（殺賊《せつぞく》）等の意味があるといわれている。

なお、聖位（見道以後）には、預流《よる》・一来《いちらい》・不還《ふげん》・阿羅漢という呼び方がある。それぞれ、向《こう》（それに向かう段階）と果《か》（それの実現した段階）とを分ける。そこで預流向は見道、阿羅漢果は無学道、その間（三向・三果）は修道ということになる。

説一切有部における修道の階位

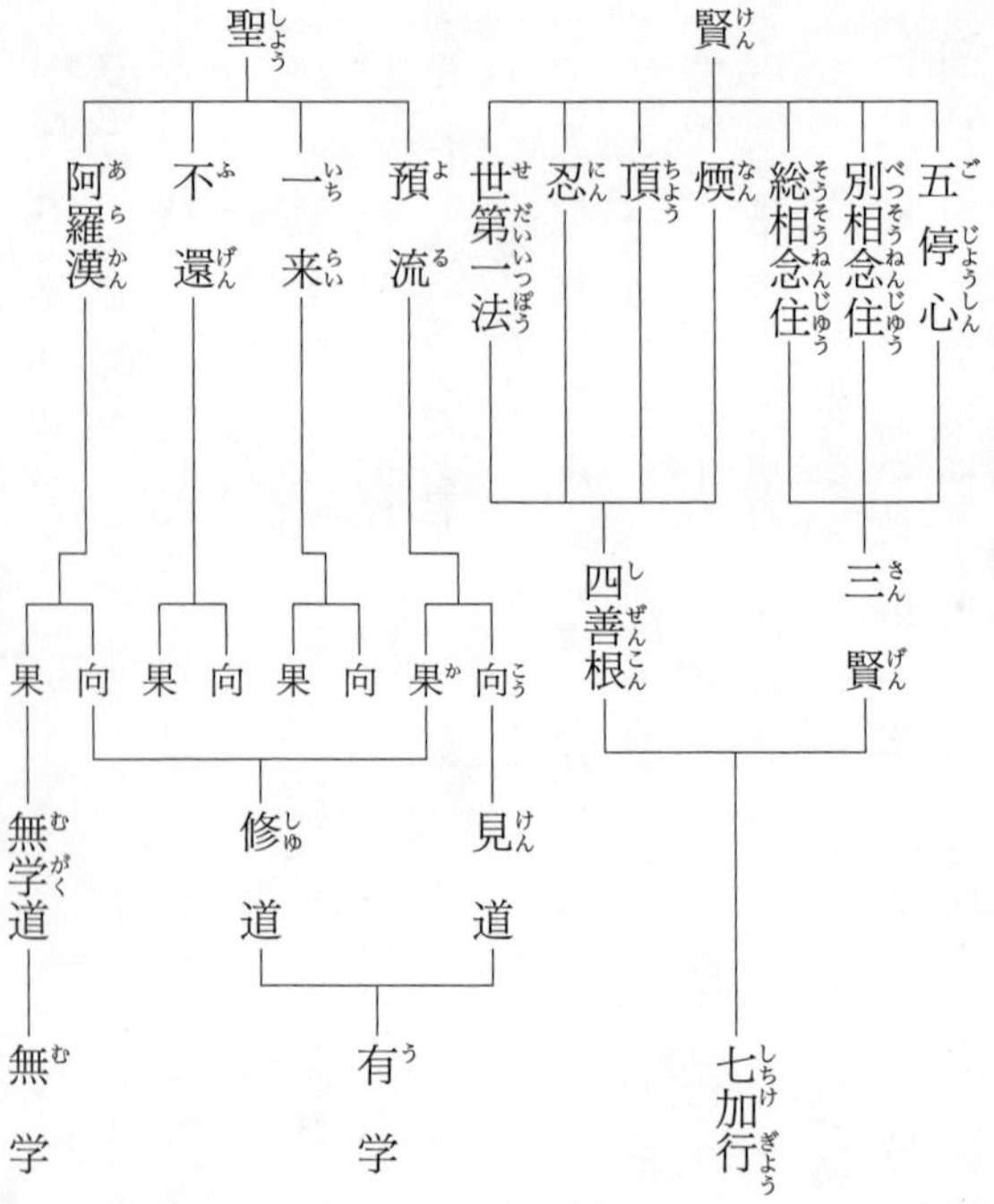

涅槃とはどのようなものか

さて、修行が完成し、阿羅漢となると、いったいどうなるのであろうか。当時のインドにおいて、阿羅漢の位に達した人が何人いたかはわからない。日本には五百羅漢の像がよく見られるが、実際は阿羅漢というのは、通常の人間にはやはり達成困難な修行の極致であって、何人もいたわけではないであろう。ともあれ阿羅漢は、生存中は業果としての身体をそなえたままの涅槃（有余依《うよえ》涅槃）にあり、その業果も尽きたときは、完全な涅槃（無余依《むよえ》涅槃）に入るわけである。

では、涅槃とは、どのような世界なのであろうか。無余依涅槃というと、何もない境地のようにも感じられる。それは、灰身滅智《けしんめっち》（身・智を灰滅する。灰は滅すの意）の世界ともいわれていて、無に徹底した世界のようにも思われる。

しかし釈尊は、煩悩の激流を渡り、この世とかの世とを離れ、不死の自己を実現したのであった。そこに涅槃があるとしたなら、それはけっして虚無ではないはずである。

その涅槃は、アビダルマの体系においては、無為法としてたてられていた。有為法と区別された、現象界とはかかわらない世界だというのである。しかし、その解釈が問題である。

もし涅槃が現象界と隔絶した静止した世界だとするなら、相対に対する絶対として単なる超越的な世界だとするなら、それが我々にとっていったいどういう意味をもつのか、問題であろう。我々は、業による有為法の集合としての現実を離れて無為法に帰すれば、それでよいのであろうか。なんの変化もない虚無のような世界に入れば、それでよいのだろうか。

今日、キリスト教神学においても、単なる超越の神ではない、あくまでも神・イエス・聖霊の三位一体《さんみいったい》としての神が強調されている。ただ天上にとどまるだけでなく、みずから一人子《ひとりご》イエスをつかわして、現実世界に降りてくる神であってこそ、真の神なのである。ただし、あくまでもイエス（特定の個）としてのみ降りてくるだけだとすれば、なお真の絶対に徹したとはいえないのかもしれない。我々ひとりひとりに降りてくる、極悪人とも不可分である神であってこそ、真の絶対者であるであろう。三位一体は、そこまで展開されなければならない。

仏教の無為法・涅槃の世界も、この世やかの世と単に隔絶した世界だとすると、およそ我々と関係のない世界になりかねない。釈尊が明かした滅諦の世界、説一切有部で考えている涅槃の世界が、具体的にどのようなものであったかは知り難い。しかしのちの大乗仏教は、少なくとも灰身滅智のような涅槃をめざすことを批判した。あるいはそういう言い方をあえてするなかで、みずからの涅槃観を提示した。涅槃はかえって生死のただなかに見出されるべきものであるとし、自性涅槃（本来、涅槃のなかにいる）や、無住処涅槃（生死の世界に入って人々を救済する活動のなかに涅槃がある）を強調した。

実際、滅諦を証した釈尊は、生涯、伝道の日々を送ったのである。大乗仏教が説一切有部等の部派仏教を小乗仏教と批判したひとつの視点に、そのような涅槃観の違いというものがあるのであった。

「一切有」とは「現在に存在する多元的ダルマ」

以上、説一切有部の教学のおおよそを見てきた。あまりにも簡略な説明ではあったが、以上によっても、アビダルマ仏教がきわめて煩瑣な思想体系であることは、容易に想像されることであろう。それは迷宮のように、ひとたび入り込むと、いくつもの部屋の扉を開かねばならず、出口を探し出すのは容易ではない。ただ要は、アートマン（我）を要素還元主義的に解体してみせて、世界をダルマの縁起で説明して、自己と世界の「空」の観察に資したということである。

ところで、「説一切有部」（一切有を説く部派。サルヴァースティヴァーディン）という呼び名は、何を意味しているのであろうか。「一切有」とは「一切時に〔諸々の法が〕有る」というのが、そのひとつの有力な意味である。

そこから、のちに説一切有部の考え方を、「三世《さんせ》実有《じつう》・法体恒有《ほったいごうう》」と表現するようになった。三世実有とは、諸法が三世に実有であるという意味である。

では、「三世実有・法体恒有」とは、あるダルマが一本の鉄の棒のように、過去・未来・現在を通じて存在している、ということであろうか。

しかしいったい、有る、といえるのは、どの時節においてであろうか。思うにそれは、現在において、であろう。過去や未来の法があるとして、それは、有ったとか、有るであろうとかでは、有るにならない。有るのは、やはり現在においてでなければならない。

とすると、一切時に有るというのは、むしろ現在に過去・未来・現在のダルマがすべて存在している、ということでなければならないであろう。ただ現在にのみあらゆるダルマが存在していて、そこに過去の法があったり未来の法があったりしている、〔一切時〔の法〕が有る〕ということである。その現在が、現在・現在・現在と続いていくのみであり、有るといえるのは、ひとえに真の現在においてのみなのである。

では、法に過去の法や未来の法があることを決めるのは何か、というと、法がその作用を発揮してしまったか、未だ発揮していないかであるというのが、説一切有部の正しい考え方ということになっている。

ある法にとって、作用を起こしているその時節に現在があり、すでに作用を起こしてしまった法は過去の法、未だ作用を起こしていない法は未来の法である。法は無数あるが、その無数の法は世において三種類に分かれていて、しかもそのすべてが現在にある。それらは、常に現在に有る。そして刹那刹那、それぞれの法の世の配分が変わっていく（しかし無数という無限の観点からすれば、変わらないにも等しい）。こう見ることができよう。

こうして、無数のダルマが現在に存在する、常にその現在しかないのである。直線的につづく時間は、この法に依拠して仮に立てられたにすぎない。説一切有部では、そこを「時に別体《べったい》無し、法に依って仮立《けりゅう》す」という。このように常に現在しかないというところに、因果を超えた、変化するあり方を超えた無為法というものの手がかりをつかむこともできるのであろう。

ともあれアビダルマの哲学が示す世界観は、現在に無数の多元的なダルマが存在している、ということが原点となる。そういう現在が、現在、現在と移行していく。その構造が、縁起の論理で語られたということになろう。その現象世界の分析・解明に、我々の日常の認識のなかにかたちづくられている虚妄な我への執著が空じられることになる。

有るのは、多元的ダルマのみであり、自我も、ものも存在しない。このことを明瞭に見極めていくなかで、自我への執著を離れ、無明を滅ぼすとき、滅諦という真実の世界が実現するという。この煩瑣哲学もまた、煩悩の激流を渡るための筏《いかだ》なのであった。

その後の仏教哲学者たちは、こうしたアビダルマを展開させ、アビダルマと対決し、アビダルマを再解釈したりして、さらに思想を発展させていった。大乗のアビダルマとしての唯識思想は、第五章で見ることとしよう。

第三章　大乗仏教の出現——仏教の宗教改革

1　大乗とは何か

新しい経典を伝え歩く法師の出現

釈尊の説法は、『阿含経《あごん》』にまとめられて、各部派に伝持されたのであった。しかし、仏滅（釈尊の入滅）後三、四百年ぐらい経って、新たな「仏説」が、まことしやかに弘められていく。『般若経《はんにゃ》』『華厳経《けごん》』『法華経《ほけ》』『無量寿経《むりょうじゅ》』といった経典が、釈尊の説法として宣布されていくのである。

それは、新しい仏教の出現であった。正統的な部派教団としては、考えられない、仏教の〝新興宗教〟の出現であった。

いうまでもなく、この新しい仏教を、大乗仏教という。というより、新仏教の担い手は、みずからの仏教を「大乗」（偉大な教義）と呼び、旧来の仏教を「小乗」（劣った教義）といって非難したのである。

仏滅後四百年近くも経ってのちはじめて現れた経典が、そっくり釈尊の説いたものでは当然あり得ない。そこに釈尊の直説が核として含まれていたり、釈尊の精神が横《おう》溢《いっ》していたとしても、これを編《あ》み、制作した者は、当時の何者かであったことは否《いな》めない。それは、部派仏教のなかの修行者の一部の特殊なグループだったのか、それともまったく部派の外にいた求道者のグループなどだったのか、あるいは両者の協同になったのかもしれず、確かなことは何も判らない。作者を示唆《しさ》することもない大乗経典の出現は、まことに不思議の出来事である。

ただし、これらの経典（経典ごとに、制作者グループが別々にあったのであろう）を人々に説いて聞かせた者たちについては、見当がついている。それは、主に法師《ほっし》と呼ばれる者たちであった。

法師の原語は、ダルマ・バーナカである。バーナカというのは、音楽や手品や語りなどの芸に生きつつ民衆の間をさまよう、いわば旅芸人のことである。日本では中世に、諸国を遊行して歩いた、勧進聖《かんじんひじり》・念仏聖・歩き巫女《みこ》といった存在があったが、それに近い。

かれらはけっして、正規の出家僧ではあり得なかった。インド社会の宗教に関する制度のなかでいえば、いわば落ちこぼれであり、卑《いや》しめられ、体《てい》よく利用される周縁に属していた。もっともバーナカのなかにも、教養もあり、品位を失うまいとする者もいたであろうし、一方、あまり感心できない行状の者もいたであろう。いずれにせよ、民衆の心のひだを伝い歩くバーナカたちが、大乗経典を語り歩いていくのである。

迫害とたたかう大乗運動

バーナカのなかには、『阿含経』を語るバーナカ、釈尊の過去世《かこせ》物語すなわち本生譚《ほんじようたん》（ジャータカ）を語るバーナカなど、さまざまなバーナカがいたらしい。しかし、『般若経』などの、今までは見たこともない「仏説」に出会うと、バーナカたちはこぞってその新しい教え、あるいは真理すなわちダルマを語るようになるのであった。

民衆の心の琴線に触れるものは何か、人間の真実とは何か、真の宗教とは何か、そうしたことを身をもって体得していたバーナカたちは、大乗の新しいダルマこそ、人々に語るに足る、真実で深い教えだと直感したのであろう。もちろん、その背景には、正統的な部派教団の制度化された僧ら、その実、形骸化した権威のみを笠に着る僧らに対する、秘めた対抗意識もあったにちがいない。大乗運動は、そうした正統教団の体制からはやや脱落した人々によって、民衆を巻き込みながら展開されていくのであった。

したがって、旧来の仏教僧からすれば、ダルマ・バーナカ＝法師らは、どこの馬の骨とも知れないいかがわしい存在であり、公的権威をもたない新奇な教えを説く迷惑な存在であり、しかし痛いところを見事に衝《つ》いてくる厄介な存在であったろう。部派教団やそれと緊密な関係を結んでいた在家の支配層らは、当初、新興の大乗運動を目の敵《かたき》にし、言論や力でもってさえ対抗しようとしたであろう。事実、法師らはいたる所で攻撃の的《まと》となりかねなかったのである。『法華経』などが、法師への献身を説いたり、謗法《ほうぼう》（大乗の正しい教えを非難・中傷すること）を重罪とするのは、そういう状況によるものであった。

『法華経』勧持品《かんじぼん》には、「ヤクシャ（夜叉）のような姿の多くの僧たちが、われらを罵《ののし》るであろう」「僧院から追われ、数々の悪口を色々と言われようとも、われらは言葉に出すことなく、顔をしかめながらも、幾度でも、すべてを忍ぼう」（坂本幸男・岩本裕訳注、岩波文庫『法華経』、（ ）内は筆者）とある。また、やはり『法華経』に、常不軽菩薩《じょうふぎょうぼさつ》（常に相手を軽んじなかった菩薩）という名の菩薩が、そうした大乗仏教に敵意を抱く人々からどんなに罵られようと、棒で叩《たた》かれたり石を投げつけられたりしようと、ひたすら「あなたは仏となる方です」といって合掌礼拝《がっしょうらいはい》した（『法華経』「常不軽菩薩品」）とあるのは、かえって大乗運動を進める者たちの、そうした者たちに対する深い愛情を表していよう。

「協同制作」された大乗仏教

あるいは大乗経典を制作した者は、ある高級のダルマ・バーナカ自身であったのかもしれない。しかし、ダルマ・バーナカだけで、深い教理や禅定体験のうちなるコスモロジーなどを語り得たとも思えない。部派教団のなかの瑜伽師《ゆがし》（ヨーガ行者）など、特に行に打ち込み、観仏体験などを得た人々が、ひそかに指導したのかもしれない。

いずれにせよ、ダルマ・バーナカが語るべき材料《ねた》を仕入れることのできる拠点が、どこかにあったのであろう。日本の念仏聖が石清水《いわしみず》八幡宮を話の材料や各地の情報を仕入れる拠点《センター》としていたように。

大乗仏教のそうした教団的拠点は、かつての学説によれば、釈尊の遺骨を祀《まつ》る仏塔（ストゥーパ）信仰の集団、そしてそこに常駐する人々に求められた（平川彰『初期大乗仏教の研究』春秋社）。たとえば仏塔の前では、激しい五体投地の礼拝行など、ある種の三昧行《さんまいぎょう》が行われたとも想像されている。

また、仏塔のまわりや、その外側にめぐらされた囲い（欄干《らんかん》）などには、釈尊の一代記などがレリーフで彫刻され、その仏塔の管理人は参詣《さんけい》する人々にくりかえし、釈尊が何を求め、何を実現したかを語っていた。釈尊を慕って参詣してくる民衆のあふれる宗教的欲求と接しつつ、仏伝を語るうちに、釈尊への信仰はこの形しかない、というものが出てきたとしても不思議はない。ここにも新しい仏教の芽があったというのである。

元来、仏塔は部派教団の管理外にあった。釈尊は出家者に対し、自分の遺骸《いがい》について心配するなといい残し、仏塔は在家者によって管理されていたし、戒律の上からも、原則として仏塔の財政を僧伽《サンガ》のそれに組み入れることはできなかった。したがって、部派教団の公《おおやけ》の姿勢としては、仏塔信仰や新たな潮流にほぼ冷たい姿勢をとらざるを得ない。とはいえ、末端でどのような交流があったかは、想像もつかない。

そうだとすると、ダルマ・バーナカ、民衆、仏塔管理者など、そして専門的求道者たちが、陰に陽に互いに協同して、新仏教＝大乗仏教をつくりあげていったということなのであろうか。もっとも、最近ではやはり大衆部のなかから出てきたという有力な説も唱えられてきている。

菩薩とは誰か？

大乗仏教出現のもうひとつの重要な原因として、仏教文学運動の流入ということがある。このことも、バーナカたちが大乗仏教になびいた大きな理由のひとつであったろう。大乗仏教は、仏を多大の功徳ある者として、いわば神格化していくが、それには讃仏乗《さんぶつじょう》（釈尊をほめ讃《たた》える詩歌）の流れがあずかっていよう。仏の慈悲の精神の強調には、本生譚《ほんじょうたん》（ジャータカ・釈尊の前生物語）の数々の物語がかかわっているにちがいない。

大乗仏教の修行の核にある六波羅蜜の修行（布施・持戒・忍辱《にんにく》・精進・禅定《ぜんじょう》・智慧）は、仏伝文学（釈尊はどのようにして発心《ほっしん》し修行したかを説くもの）に出るものである。大乗の修行者（信者）を菩薩と呼ぶが、この言葉も仏伝文学において、釈尊の成道以前の呼び名として出るものであった。

このように、これまた正統教団のやや周縁で営まれていた文学活動のなかでの仏の追求、人間の追求が、大乗仏教のきわめて基本的な部分にかかわっている。

特に菩薩の語は、そのように元来、仏伝において釈尊の成道以前をさすものであった。これを「本生の菩薩」（本生は釈尊の前生を意味する）という。しかし大乗仏教では、大乗仏教に帰依し、菩提心（悟りを求める心、求道の心）を発した者は、すべて菩薩と呼ぶのである。大乗仏教徒は、すでにひとりひとりが菩薩なのである。これを「凡夫《ぼんぷ》の菩薩」という。経典に説かれ、仏像などで有名な弥勒《みろく》菩薩や観音《かんのん》菩薩など、高位のすぐれた方のみが菩薩なのではない、誰でもが菩薩なのである。

　ここには、釈尊と同じ修行をし、釈尊と同じ覚りを開いて、釈尊と同じ仏になろうという、大乗仏教徒の熱い思いがある。正統教団の部派仏教では、あまり仏となるということは説かれない。修行の最終の地位は阿羅漢であり、我執を断つことによって、身と心とを灰滅し（灰身滅智）、無余依涅槃（個体のよりどころのまったく無くなった涅槃）に入ることとしか説かれていない。しかし大乗仏教は、釈尊と同じ仏となろうということを、堂々と目標にかかげる。それは実は、釈尊がこの世に仏として出られ人々を救済した、その根本精神を自己の精神としよう、ということでもあるのである。

　ちなみに、菩薩とは詳しくは菩《ぼ》提《だい》薩《さっ》埵《た》（ボーディサットヴァ）、つまり覚《かく》―有情《うじょう》（有情は衆生と同じこと。人々と見てよい）ということである。それは、覚を求める人ということである。

　その覚とは、真実の自己の自覚であり、その「自覚はおのずから、自覚・覚他（自ら覚し、他を覚させる）の覚である」（上田閑照の言葉）。後世、この覚―有情の語は、覚（自己の覚すなわち自利）と有情（人々すなわち利他）のふたつをともに心にかける者、のことと解されるようになった。

仏伝文学が伝える釈尊の歩み

ここには、仏の理解に関して、単に煩悩の苦しみから解脱した覚者というだけではなく、人々を救い出す覚者であるとの理解がある。覚者の意義の理解が、部派仏教とは異なっているのである。その源は、仏伝文学の「燃灯仏授記《ねんとうぶつじゅき》」の物語に求められよう。

そこでは、釈尊のはるか過去世の前身が、スメーダ青年として描かれている。それによれば、

その昔、インドのある都にスメーダというバラモンの青年がいた。スメーダ青年は若くして両親を亡くし、多くの財産を相続することとなった。しかし、その財産を両親も死ぬ時に持っていくことができなかったことを想い、人生の意味を考えてしまう。結局、スメーダ青年はヒマラヤの山中に入って、生・老・病・死の苦について、瞑想するのだった。

その頃、弟子を従えて諸国を歴訪していたある仏が、山のふもとのある町にやってくるということがあった（ここでは、釈尊以外にもたくさんの仏＝覚者がいると考えられているのである）。スメーダ青年はそのことを知って、ぜひその仏に会い

たいと思い、町の人とあたりを美しく飾って迎えることとした。特にスメーダ青年は、町の人に修行者と知られていたので、道がぬかって汚《きたな》くなっているところを割り当てられて、その補修に一心にあたっていた。しかし、道の修理が終わらないうちに、仏が町へやってくることになった。

スメーダ青年は、仏がドロドロの道にはまらぬよう、自分の背中を渡っていただこうと思い、長い髪を投げ出し、うつ伏せになって身体を泥土への橋とした。仏が自分の背中を渡っていかれる姿に触れて、スメーダ青年はハッと気づくものがあった。

「私一人が力を得ても、私一人が迷いを渡ったとしても、それになんの意味があろう。むしろ一切の人々を迷いから渡す人に、自分もなろう」。こう覚悟を定めずにはいられなかったのである……。

一般に、釈尊は、「四門出遊《しもんしゅつゆう》」の話に代表されるように、自己の生・老・病・死への苦からの解脱を求めて、修行に入ったと伝えられていた。しかし、仏伝文学での釈尊の前身、スメーダ青年の覚者をめざす動機は、それをくつがえすものとなっている。むしろ、他者の苦からの解放を自己の第一の願いとするように変換されている。

その覚悟は、近くに現れた仏の姿を目《ま》のあたりにしてのことによるのであった。

この仏は、スメーダ青年の心に菩提心を灯《とも》した仏として、燃灯仏（ディーパンカラブッダ）といわれる。こうしてスメーダ青年は、同じ仏となる修行をしようと思って八つの願を立てるのであり、このときディーパンカラ仏は、「かれは遠い世に、きっとゴータマという覚者になるであろう」と予言し、かつその保証を与えるのである。これを授記（記莂《きべつ》を授ける）という。

この「燃灯仏授記」の物語が、釈尊はいかにして発心し、修行し、仏となったかの問いへの、仏伝文学における解答であった。

他者の救済に向かう大乗

大乗仏教では、仏は釈尊（釈迦牟尼仏《しゃかむにぶつ》）だけではない。薬師《やくし》仏や阿弥陀《あみだ》仏や毘盧舎《びるしゃ》那《な》仏など、三世（過去世・未来世・現在世）に、十方に多くの仏が存在するとし、その恩寵《おんちょう》が説かれる。

それらの仏は、ほぼ一様に、スメーダ青年と同様の因縁をもつと考えられよう。たとえば阿弥陀仏は、もともとはインドではさほど珍しくない一介の王様であった。この王様は、世自在王《せじざいおう》仏という仏に出会っていっぺんに、自分もそのような仏になりたいという心を起こす。そこで出家して修行者となり、法蔵菩薩《ほうぞう》と名乗った。
法蔵菩薩は、自分が仏となったときに実現すべき世界について、なんと五劫《ごう》の間（一劫とは、四十里四方の石を、百年に一度柔らかな衣でなでて、その石がすりへり滅するほどの時の長さ。他の説もあるが、とにかく長遠の時間である）も思惟《しゆい》し、四十八の願を立てる。そうして長遠の間、修行に勤苦《ごんく》して、今はすでに阿弥陀仏となり、極楽浄土を完成しているという。これはまったくスメーダ青年の発心・求道の物語と軌《き》を一《いつ》にしていよう。

『華厳経』の教主、毘盧舎那仏もまた、もとはある国王の息子のひとり、普荘厳童子《ふしょうごんどうじ》が、ある仏に見《まみ》えて発菩提心《ほつぼだいしん》し、長遠の修行をなして仏となったのである。

そうであれば、大乗仏教は仏伝文学の仏陀観をそっくり承《う》けついだことがわかる。大乗仏教の諸仏は、実に歴史上の釈尊に範《はん》をとるものではなく、文学上の釈尊に範をとるものなのである。

宗教という世界においては、たしかに、客観的な事実や歴史的な真実のみが意味をもつのではない。たとえ神話であれ物語であれ、大事なのは、ひとえにその宗教的意味であり、宗教的真実である。大乗仏教は釈尊を解釈し、掘り下げていくなかで、宗教的真実を体現している仏陀に出会い、その仏陀の核心を弘く伝えようとしたのであった。「燃灯仏授記」物語を構成する大事な要素のひとつは、先輩の仏に目のあたりに出会う体験が出発点となる、ということである。しかもその仏は、向こうからお出ましになるのである。

とはいえ、仏に出会うには、こちら側のなんらかの条件も熟していることが必要である。たとえば、経典や仏書を読む。その読書のなかに目のあたり仏に出会うことだって、人によってはあり得る。仏像や寺院建築に触れて、ひそかに仏に出会う人もいるであろう。

仏の出現は、スメーダ青年には決定的な出来事であったが、町の人々に等しく同じ出会いがあったわけではなかった。仏の出現は、その人その人にとっての因縁が熟しての出来事なのであり、客観的事実としてあるのではないにちがいない。

次に、出会う仏はひたすら他者の苦悩を引き受け、自在に救済している人であることを、見落としてはならない。そのことに触れて、旧来の自己がまったくくつがえり、他者とのかかわり合いのなかにある自己に気づかされる。そこから生き直そうとするとき、すでに我々は大乗仏教徒の仲間入りを果たしてしまうのである。

実は大乗仏教の救いは、仏になること以前に、他者が自分自身と切り離せないものだという、自他関係のなかの自己への目覚めのうちにすでにある、といってもよいのである。

そして、願を立てる、ということが修行の根本（当初）に必ずなされることも、菩薩の生に欠くことのできないものとなっている。これを、その人その人の「本願」（修行に入る最初＝根本に立てる願。本当の願ということではない）というのである。

誓願は、その人のその後の生のありようを、無限に方向づける。仏教では、戒律をうけたときにその人の一生を規制する力が発生すると考えられる。その力の源を戒体と呼ぶが、大乗仏教の戒体は、誓願・願心に見ることができよう。

このように、他の仏に出会って、みずからも仏となろうとし、必ず仏となって他の人々を仏とならしめていく、その無限の連環の壮大な物語を、大乗仏教は根幹にすえているのであった。それは、覚者の願心が他の人々の願心を喚起し、大悲（悲とは同情心）が大悲を呼びさます久遠の物語であった。

大乗と小乗の違い

ここで、大乗仏教はなぜみずからを大乗と呼んだのか、大乗と小乗との違いをいくつか簡単に、次ページの表にまとめておこう。図式的な対比のために、やや誇張もあるが、おおむねその性格の差異が知られると思う。

大乗と小乗（部派）の違い

大乗	小乗（部派）
◇人間は誰でも釈尊と同じ仏となれると考えられている。	◇人間は釈尊にはほど遠く、修行してもとてもおよばないと考えられている。
◇最終的に仏となり、自覚・覚他円満の自己を実現する。	◇最後に阿羅漢となり、身と智とを灰滅して静的な涅槃に入る。
◇一切の人々を隔てなく宗教的救済に導こうと努力し、利他を重視する。	◇自己一人の解脱のみに努力し、自利のみしか求めない。
◇みずから願って地獄など苦しみの多い世界におもむいて救済行に励む、生死への自由がある。	◇業に基づく苦の果報から離れようとするのみで、生死からの自由しかない。

◇釈尊の言葉の深みにある本意を汲み出すなかで、仏教を考えようとした。

◇在家仏教の可能性を示唆した。

◇釈尊の言葉をそのまま受け入れ、その表面的な理解に終始する傾向があった（声聞といわれる。なお、声聞は本来、弟子の意である）。

◇明確な出家主義。

さて、このような大乗仏教の教義を支える最も根底にあるのは、やはり「空」の思想であろう。

特に、我（主体的存在）の空のみではなく、法（客観的存在）の空をも説いたことが、我の空しか説かなかった部派仏教とは、決定的に異なる点であった。「我空法有」に対する「我法倶空」、あるいは「人法二《にんぽうに》空《くう》」の立場こそ、大乗の世界観の核心である。

すでに述べたように、我とは常・一・主・宰のあり方で把握されたもののことであった。原始仏教以来、人間を構成する身体的・精神的諸要素は有るとしても、それらをひとつとした実体としての我は存在しないということ（我空）は説かれてきた。

ところが大乗仏教では、その要素の方にあたるものさえ空である（法空）と説くのである。

空とは、もとはふくれるという動詞からできた言葉で、なかがからっぽのこと、内実の無いことを意味するが、存在の諸要素に対しては、それが自体・本体をもたないこと、実体としての存在ではないこと、を意味する。実体というのは、他の助けを借りずに存在し得るもので、永遠・不変の存在ということである。ある存在が実体ではないということは、あたかも有るかのように仮に現れているにすぎないということであり、夢・幻のような存在だということである。

法は、基本的には、前に見た説一切有部の七十五法が念頭におかれるべきであろうが、五蘊・十二処・十八界といったものでもよいであろう。広くは、我々が有ると思っている事物と見てもよい。ただ、あくまでも法の意味は、「自相を維持するもの」として、世界の構成要素のことである。

主体的存在として構想されている我も、事物を構成する要素的存在として想定されている法も、一切はなんら本体をもつものではなく、空・無自性で、ゆえに仮のもの、幻のようなものでしかない、というのが大乗仏教の根本的な立場なのである。

我法倶空ということ

いったい、なぜそのように唱えられたのであろうか。私は、それは大乗仏教徒の禅定のうちなる覚体験に根ざしてのことだったと見ている。観仏体験といってもよいであろう。大乗仏教徒自身の覚りが、このことを説かしめたのである。もちろん、だからといって、かれらがその理論的説明を放棄したというわけではない。我・法ともの空を明らかにするために、かれらは縁起や唯心やさまざまの言葉を綿密に語った。そのことは、第四章、第五章で詳しく見ていきたい。ただその背景には、かれらの身をもっての覚体験（空の体証）があったのだと思う。

そしてここでは、我法倶空を語ることが、実は上述のような大悲の連環という、大乗仏教に固有の特徴的な立場を可能にしていることについて、触れておきたい。

我のみでなく法も空・無自性であるということは、この我々の世界のどんなものも、実は真に生まれたのでもないし、滅したのでもない、ということになる。すなわち、本来、生滅も去来もなく、したがって、本来、寂静であり、本来、涅槃に入っているということである。つまり、我々の生死の世界も、実は本来、涅槃の世界そのものだったのである。

逆にいえば我々は、修行して覚りを開いたのち、ことさら特別な涅槃の世界に入らなければならないのではない。生死の世界が涅槃の世界と別でないなら、自由に生死の世界に入って、しかもそれに染まらないことが可能になる。そこに無住処涅槃という世界がある。

この無住処涅槃に入ることによって、永遠の利他行も可能とされることになるわけである。

また、我法倶空を了解するということは、我執（我への執著）のみでなく、法執（法への執著）をも断つということである。我執を断つのみだとすると、次に生まれようとする意志が断たれるので、静止的な涅槃に入り込むことになる。しかし法執を断つことによって、世界にはなんら実体は存在しないという透徹した智慧が生じる。この智慧が自他平等の本質を如実に悟らせ、苦悩に陥っている人々を救おうとする心を発動させていくのである。

そして問題の核心を見抜き、自在に説法したり方便を施したり、多彩な活動がなし得ることになる。法執をも断つことによって、真の自由を確立し、おのずからの願《がん》行《ぎょう》を完成させていくのである。

こうして、我法倶空こそが大乗仏教を支えることが知られる。そこでは空とは、悲《ひ》用《ゆう》（大悲のはたらき）が完全に活動し得る原理そのものなのであった。空の実相が、仏から人へと無限にはたらきかける世界を支えているのである。『般若心経』には、「色即是空、空即是色」の語がある。色は法または現象の代表である。ここには、「空即是色」と、本体をもたない空のあり方を本質とするからこそ現象世界があり得ていることが、述べられている。そこを「真空妙有《しんくうみょうう》」という。そしてさらにその根本に、鈴木大拙《だいせつ》のいう「真空妙用《しんくうみょうゆう》」（空・無相の世界に、こんこんと湧く悲用のはたらきがあること）の世界があるのである。

大乗も仏説であるということの意味

以上のような大乗仏教も、すでに述べたようにそのはじめ、部派の正統的な教団の大勢からは、いわば白眼視されていたのであった。大乗仏教は釈尊が説いたものではないという大乗非仏説は、近代に入って科学的な仏教史研究が始まってはじめていわれたことなのではなく、おそらく大乗仏教が出現して以来、くりかえしいわれたことであろう。

たとえば、五世紀ころになるが、唯識の論書『大乗荘厳経論《だいじょうしょうごんきょうろん》』に、大乗非仏説に反駁《はんばく》する例が見られる。それには七項目あるが、なかには次のような理由が述べられている。

○声聞《しょうもん》乗（いわゆる小乗）と同時に大乗は存在していた。けっして後代に起きたものではない。どうして大乗は非仏説であろうか。

○もし、釈尊以外の者が正覚を成就して仏陀となって説いたものも仏説なら、大乗もその意味で仏説であり得る。

○仏になる教え（仏乗）なくして仏はない。仏がなければ声聞乗もあり得ない。大乗があってこそ、諸仏の出現もある。

○言葉の表面的な姿に執《とら》われて、仏語でないと知るべきでない。この広大な甚深《じんじん》な法は、仏説以外（たとえば外道《げどう》の教え）ではあり得ない。

ここには大乗仏説の証《あかし》として、釈尊の説法に他ならないという証明と、仏（覚者）の説法に他ならないという証明とが、混在している。しかもどちらかといえば、仮に釈尊の直説でなくたって、他の仏の説法で充分とする見方のほうが勝っているのではないか。

いったい、『阿含経』などの小乗経典と同時に存在した大乗経典として、かれらは何を想定していたのであろうか。すでに第一章に見たように、『スッタニパータ』など、大乗的な思想が説かれていることも事実であった（六三ページ）。実際、大乗経典のなかには、釈尊の直説に由来するものが少なくないであろう。

ただ大乗仏教は、その説法の根拠を、必ずしも釈尊一人に帰そうともしていない。むしろ覚そのことに帰そうとしている。そしてその覚は、釈尊以外にも充分あり得るのだとしている。そこには、大乗仏教の担い手自身の覚体験があずかっているのではないだろうか。

そうすると我々としては、大乗経典に表現されるかれらの覚体験（広くは宗教体験）を信ずるかどうか、どう評価するか、ということが問題になる。かれらの、自分たちの覚体験こそ釈尊の覚りであったという立場を、どう評価するかということである。

私自身は、歴史上の釈尊以外は信用しない、その釈尊のみに帰るべきである、との立場に立とうとは思わない。釈尊の覚のみでなく、釈尊が人々に何を説いたかに仏教を見たいし、そこに含まれる、相手側の主体との関係における真実をそれぞれ尊重したい。釈尊の弟子たちの求道のあとをしのびたいし、また大乗仏教徒らの宗教的メッセージも充分考慮したい。

大乗仏教は、それを表現した人たちの宗教体験を通路として、釈尊―仏陀に迫るような宗教なのである。

2 『般若経』の智慧

玄奘三蔵の『般若心経』霊験譚

さて、簡単に大乗経典の世界をのぞいてみることにしよう。ここでは、最も代表的な初期大乗経典である、『般若経』『華厳経』『法華経』『無量寿経』を取り上げることにする。それらには、大乗仏教の初期の思想がうかがえよう。

まず『般若経』であるが、『般若経』というのは「般若波羅蜜《はんにゃはらみつ》(多《た》)」(prajñāpāramitā)を最重要と説く経典群の総称であり、単に『般若経』という名称の経典があるわけではない。

般若波羅蜜は、菩薩(大乗仏教徒)の基本的な修行徳目である六波羅蜜(布施・持戒・忍辱・精進・禅定・智慧)のひとつ、智慧の修行のことで、波羅蜜は、最近は完成の意といわれることが多いけれども、古来「到彼岸」(彼岸に到れること)の意と解釈されてきたものである。

さて、それら数多くある『般若経』のうち、最も基本となる『般若経』は、『八千《はっせん》頌《じゅ》般若経』である。漢訳の『道行《どうぎょう》般若経』『小品《しょうぼん》般若経』は、これに相当する。八千頌とは、八千頌（頌は詩のこと。一頌は八音節四行、つまり三十二音節）の長さの経典という意味で、八千の頌（詩）から成り立っているというわけではない。他に、この『八千頌般若経』の内容を踏襲しつつ分量を増やした、『一万八千頌般若経』『二万五千頌般若経』『十万頌般若経』などがある。このうち『二万五千頌般若経』は、『放《ほう》光《こう》般若経』『大品《だいぼん》般若経』などとして漢訳されている。

さらに、『金剛《こんごう》般若経』『般若心経』など個別独自の経典があり、密教においても『理《り》趣《しゅ》経』等、『般若経』系の経典がある。

『般若心経』は、いわば『般若経』の精髄を凝縮したものである。玄奘三蔵（六〇〇―六六四）がインドへ向かう途上、莫賀延磧《ばくがえんせき》（敦煌―伊吾間にある砂漠）にさしかかって悪鬼にかこまれたとき、この『般若心経』を唱えると、悪鬼たちは声をあげて消えたという霊験《れいげん》譚があったりする。

なお、玄奘訳の『大般若経』は、さまざまな種類の『般若経』を集大成したもので、全六百巻ある。禅宗寺院などでは正月の法会《ほうえ》、修正会《しゅしょうえ》において、この転読がなされる。転読とは、折りたたみ形式の経本をパラパラと開いては閉じて、読んだことにするのである。

般若波羅蜜とは何か

『般若経』は、布施《ふせ》・持戒《じかい》・忍辱《にんにく》・精進《しょうじん》・禅定《ぜんじょう》・智慧《ちえ》（般若）の六波羅蜜《ろくはらみつ》の修行のうち、特に般若波羅蜜を重視し、すべての波羅蜜は、般若波羅蜜（智慧の修行）をめざすものとして修されるべきであり、むしろ般若波羅蜜ひとつの修行のなかに他の諸々の波羅蜜はそなわることを示している。『八千頌般若経』第三章（梵本《ぼんぽん》）に、次のようにある。アーナンダ（阿難）長老に、世尊（釈尊）が語りかける。

だからアーナンダよ、その般若（智慧）は最高のものであるから波羅蜜という名称を得るのであり、そしてその（般若）によって、一切智性《いっさいちしょう》へ廻向《えこう》された諸々の善根が波羅蜜という名称を得るのである。したがって、アーナンダよ、善根が一切智性へ廻向されることから、般若波羅蜜は（他の）五つの波羅蜜の先導者であり、その案内者であり、指導者なのである。このようなあり方で、五つの波羅蜜は般若波羅蜜のなかにこそ含まれている。アーナンダよ、正に般若波羅蜜というのは、六つの波羅蜜を満足していることに対する名前である。それゆえにアーナンダよ、般若波羅蜜が称揚されるときには、六つの一切の波羅蜜が称揚されたことになるのである。

般若＝智慧の究極の形態として、一切智性ということがいわれている。一切智とは、宇宙全体の本質を一挙に知るものか、森羅の事象を個別に知悉《ちしつ》するものか、必ずしも記されていないが、両者を含むと見ておいてよいであろう。それをめざすとき、すべての善行も意味のあるものになる。それは、般若波羅蜜がすべての修行を先導することでもある。その意味で、一切の修行は、もとより般若に支えられての修行でこそ意味がある。そう『般若経』は説く。ここには、明快な智慧の立場の重視の姿勢がある。

「存在しない」というかたちの「存在」

では、その般若＝智慧に現れる世界とは、どのような世界なのであろうか。智は何を見るのであろうか。『八千頌般若経』の次の箇所は、このことを興味深く示していよう。ここでは世尊は、シャーリプトラ（舎利弗）長老に語りかけている。

……そういわれたとき、長老シャーリプトラは、世尊に次のように申し上げた。「世尊よ、このように（般若波羅蜜を）学んでいる菩薩摩訶薩《まかさつ》（菩薩であり、摩訶薩＝偉大な人であるもの、の意）は、どんな法を学ぶのでしょうか。」

そう問われて、世尊は長老シャーリプトラに、次のようにいわれた。「シャーリプトラよ、そのように学んでいる菩薩摩訶薩は、どんな法《ダルマ》も学ばないのである。それはなぜか。シャーリプトラよ、というのは、それらの諸法は、無学な幼童・凡夫がそれらに執著しているようには存在していないからである。」

長老シャーリプトラは、申し上げた。「世尊よ、そうすると、それらはどのように存在するのですか。」

世尊はいわれた。「シャーリプトラよ、現に存在しないというかたちで存在し、そのようには存在していない（avidyamāna）。そこで、（その事実を知らないことを）無明（avidyā）というのである。無学な幼童・凡夫らは、それらに執著し、現に存在しない一切の法を（存在するものとして）分別する。かれらはそれらを分別して、（有・無、断・常等の）ふたつの一方的（見解）に執著して、それらの法（の事実）を知らず、見ない。それゆえ、かれらは現に存在しない一切の法を分別し、分別してふたつの一方的（見解）に執著する。執著して、それにもとづいた見解に依拠して、過去の諸法を分別し、未来の諸法を分別し、現在の諸法を分別する……。」

我々が有ると思っているものは、本当は、そのようには存在せず、現実には存在しないというかたちで存在しているのだという。このことこそが、智においては明らかに現前するのであろう。

我々が有ると思っているようには存在しないということは、何もないということではなく、存在しないかたちで存在するということである。では、どうしてそうなのであろうか。

実は、『八千頌般若経』の初期に、このことの詳しい説明はない。ただ終始一貫、一切の存在の、あらゆる分別を離れていること、規定し得ないこと、したがって一面的に執著すべきでないことが、くりかえし説かれるのみである。どうしてそうなのか、といっても、それが禅定に支えられた智慧において現前する真実だから、としかいいようがないであろう。そこに、存在しないかたちでの存在、無自性としての存在、すなわち空のあり方が直証《じきしょう》されていたのである。

縁起説による空の理論化

ただし、『八千頌般若経』の第三十一章（終わりから二番目の章）には、この無自性・空ということを説明するひとつの論理として、縁起ということが説かれている。

ここでは、勝れた力量をもつダルモードガタ（法上《ほうじょう》）菩薩が、ある求道者に語る形になっている。

善男子《ぜんなんし》よ、たとえば弦楽器《ヴィーナー》の音は、生じつつあるときどこからくるのでもないし、消えつつあるとしても、どこへ行くのでもなく、どこへ過ぎゆくのでもありません。因や縁の完全な和合に依って生じるのであって、因に依るものであり、縁に依るものです。たとえば（弦楽器の）木の胴を縁とし、皮を縁とし、弦を縁とし、棹《さお》を縁とし、柱《じ》を縁とし、撥《ばち》を縁とし、人のそのさばきを縁として、このようにこの弦楽器の音は因に依るものであり、縁に依るものとして、発生するのです。そしてその音は木の胴から発生するのでもなく、皮・弦・棹・柱・撥からでもなく、人のそのさばきから音が発生するのでもないのです。しかしながら、すべて（の因縁）の結合から音（という一つのもの）が仮に設定される（言語表現される）のです。（同様に）消えつつある音も、どこへも行かないのです。

このように、諸仏世尊の身体も因縁和合（特に多くの修行の因から成る）のものと見るべきであり、「多くの因縁の完全な和合において生じたものはどこからくるのでもなく、因縁の完全な和合がない場合にも、どこへも行くのではない」という。それこそがまた一切法の法性（本質）であり、不生・不滅が一切法の法性だという。この、一切は不生・不滅であるということを正しく知れば、無上にして真実の覚り（無上正等覚）に至れるという。

ここでは不生・不滅の本性を、縁起によって基礎づけている。縁起のゆえに無自性であり、無自性のゆえに空であるとの説明の原型が現れている。

しかし、実のところ、まずはじめに般若の智慧の体得において、一切は一面的規定を離れているとの深い洞察が前にあったのであろう。法性そのものを如実に覚したのであろう。声聞や独覚《どっかく》と異なる「一切法を取着しない三昧」（一五一ページ以下にあげた句の前に出る）の禅定を通じて、このことを証したのであろう。そこでは、空はむしろ不生・不滅の真理にも他ならないのである。それをのちに、縁起を用いて基礎づけているのである。

「空」はニヒリズムではない

以上は、ごく簡単な『般若経』の思想の紹介である。このように一切皆空《かいくう》を説く『般若経』は、いわばニヒリズムと紙一重の面もないわけではない。たとえば次のようなことも説かれている。

熟練したマジシャンが、大きな四つ角の交差点で、大群集を魔法で出現させたとする。出現させておいて、のちにその大群集を消し去るとする。その場合、いったい誰かによって誰かが殺されたり滅ぼされたりしただろうかといえば、当然そんなことはない。

一方、現実の人間もまた、自体・自性はなく、空であり、幻と同等なのだとすれば、では人を殺しても害しても、実は殺したり害したりしたことにはならないというのが、事柄の本質であるということになってしまうであろうか。

もちろん『般若経』は、そのようには説かない。今の幻の譬喩《ひゆ》も、現実の人間はそのように無自性であるがゆえに、菩薩は無量・無数の人々を涅槃に導くけれども、涅槃に入る人も涅槃に導く人もなんら存在しない、という結論につづく。ひたすら大悲の活動を行って、微塵もそれに執われないことにつながっているのである。

私は、これら一切の人々を捨てるべきでない。私はこれら一切の人々を、無量の苦悩の集まりから完全に解放すべきである。私は、百回までも切断されるとして、（それでも）かれらに邪心を生じるべきではない。

こうした決意が、一切法空の世界から出てくる。あらゆる存在が空・無自性であるという平等の本質を覚るとき、他者がそのことを知らずに苦悩に沈んでいる姿を見て、おのずからなんとか救いたいとの心が湧いてくるのであり、そこに人間の真実があると、『般若経』は説くのである。

3 『華厳経』の宇宙

釈尊の覚りの内なる情景を描く『華厳経』

次に、『華厳経』について見ることにしよう。

今日現存する『華厳経』は、ひとつのまとまりをもった大部の作品であるが、その源流には『十地経《じゅうじきょう》』や「入法界品《にゅうほっかいぼん》」などが単独の経典として宣布されていた。それらを核としつつ、今日の『華厳経』が形成されたのであった（『華厳経』の完本は、漢訳では六十巻本と八十巻本がある）。

『華厳経』は、釈尊（実は毘盧舎那《びるしゃな》仏）が菩提樹下で覚りを開いて一週間後に説かれた経典で、そのみずからの内に証した世界（自内証という）を、そのまま表現するものであるといわれる。仏陀の悟道の内なる情景そのものが、直接的に説かれているというのである。

しかし一方、古来「因分可説・果分不可説」といわれて、仏果の世界は言葉で表しようもないので、仏果へ到達する因となるもの＝修行の道すじを明かしたものであるともいわれる。実際『華厳経』は、十住・十行・十廻向・十地といった修行を、その順に説いてもいる。

このように、『華厳経』の主題は、実のところむしろ菩薩道というものにある。経の後半三分の一ほどを占める「入法界品」も、善財《ぜんざい》童子という少年が、五十三人の善知識（先生）を訪ねつつ修行を完成していく、求道遍歴の物語を説くのであり、これも菩薩道を別の角度からあらためて説いたものである。

そもそも華厳（ガンダヴューハまたはアヴァタンサカ）とは、雑華《ぞうけ》厳飾《ごんじき》といいならわされてきた。雑華とは種々さまざまな華という意味である。厳には飾るの意がある。それは、覚りを開いた釈尊＝毘盧舎那仏に映じた世界の姿である。それは釈尊の仏国土ということになるが、そこは衆宝雑華《しゅほうぞうけ》をもって装飾となすようであった。あらゆる宝やさまざまな花によって、国土が飾られているというのである。

この雑華とは、生きとし生けるものが釈尊のまわりにいて、仏道を修行しながらこの世界を荘厳《しょうごん》している（飾っている）ことの象徴である。つまり我々のひとりひとりが、菩薩道をこの世で行うことが、釈尊の仏国土を飾ることとなっている（華厳）というのである。

重々無尽の時間的・空間的関係性

『華厳経』ではまず、右のような釈尊の自内証の世界が描かれる。そのうち「盧《る》舎那《しゃな》品《ぼん》」では、釈尊＝毘盧舎那仏が、口（または顔）および一々の歯間から無数の光明を放つ。そうすると釈尊のまわりに集う菩薩衆は、十方《じっぽう》に無数の世界があり、その一々の世界に如来がいることを見る。そして各世界の大菩薩が、釈尊の放つ光に触発されて、無数の菩薩をしたがえて釈尊のみもとにやって来て、仏を供養し、足を組んで坐る。そこで釈尊は、眉間《みけん》の白毫相《びゃくごうそう》から、一切宝色灯明雲光という光を放つ。その光のなかで、普賢《ふげん》菩薩が三昧（心が深く統一された状態＝禅定）に入り、やがて釈尊の威神力をうけて説法していくのである。

ちなみに、普賢は大悲、文殊《もんじゅ》は智慧を象徴する。一般に、普賢大士は白象に乗り、文殊大士は獅子に乗り、釈迦の両脇に位置するという。

普賢はここで、蓮華蔵《れんげぞう》世界について述べる。いうまでもなく、毘盧舎那仏の仏国土のことである。それは「此《こ》の蓮華蔵世界海の内に於《おい》ては、一一の微塵中に、一切法界を見る」とも説かれるような世界であった。たったひとつの塵のなかに、宇宙のすべてを見るという。それも、どの塵においても等しいというのである。

『華厳経』には、そうした一即一切・一切即一といった説が、いたる所に出てくる。前の、十方世界の菩薩衆が釈尊のまわりにあつまってくる神秘的で荘厳な光景にも、すでにその理はあらわれていた。他にも、「一切の世界は一毛道に入り、一毛道は不可思議の刹を出す。……一切の諸相は悉《ことごと》く一相に入り、一相は一切の諸相に入る。一切の語音は一語音に入り、一語音は一切の語音に入る。一切の三世は悉く一世に入り、一世をして一切の三世に入らしむ」(「普賢菩薩行品」)などと記されている。

これらの思想は、のちに中国の智儼《ちごん》(華厳宗第二祖。六〇二—六六八)や法蔵《ほうぞう》(同第三祖。六四三—七一二)によって体系化され、華厳の最も華厳らしい思想として喧伝された。

ひとつの事象は他の無数の事象と多種多様な関係をなし、無限の関係で関係し合っているという重々《じゅうじゅう》無尽《むじん》の縁起を明かし、個々の事象が自由自在に交流浸透し合っているという事事無礙法界《じじむげほっかい》を説く、いかにもけんらんたる華麗なコスモロジーがそこにある。

ただし、そうした考え方の根本にあるのはやはり、存在は何ひとつとして自性（自体）をもたないということなのである。

法蔵は華厳の教理をまとめあげた『華厳五教章』において、一が一として自体あるものならその一と一とがあっても二を構成し得ず、ただ一と一としかないことになる、といっている。むしろそこでは二も三もないゆえに、かえって一もないことになる、という。そして二や三があり得るのは一に一の自性なく、二に二の自性がないからである。しかも一は無自性ゆえに二をつくることができ、三をつくることができ、つまり二のための徳（性質・力用）をそなえており、三のための徳もそなえている。一がなければ多はなく、多がなければ一はない。一は無自性にして他の一切を成立せしめていくような多くの徳をそなえているのであり、無自性というあり方は実はただちにあらゆる性質・力用の内在態そのものである。二についても、三についても、すべての数についても同様である。そういうことを『華厳五教章』は、さまざまな角度から描き出している。

このように、華厳の根本には一切法無自性の考え方があり、しかもその無自性ということのなかに、積極的な徳用を見ようとするのである。その根本に、毘盧舎那仏の覚りがある。そこから、一即一切・一切即一、一入一切・一切入一の重々無尽の、時間的・空間的関係性の世界が説かれるのである。

空観に基づく、物心未分化の「心」

『華厳経』にはしばしば、唯心思想が出る。これも『華厳経』の思想のひとつの特色であろう。「十地品」中の第六地の説明には、「三界は虚妄にして、但《た》だ是《こ》れ一心の作なり、十二縁分は、是れ皆心に依る」とある。三界とは、欲界・色界・無色界という、迷いのなかの世界のことであった。それらはすべて、一心の描きだしたものにすぎないというのである。

「夜摩天宮菩薩説偈品《やまてんぐうぼさつせつげぼん》」にも、同様の説がさかんに出る。

心は工《たく》みなる画師の如《ごと》し、種々の五陰を画《えが》く
一切世界の中、法として造らざる無し
心の如く仏も亦《ま》た爾《しか》り、仏の如く衆生も然《しか》り
心と仏と及び衆生と、是の三は差別無し
諸仏は悉く、一切は心従《よ》り転ずと了知す

若《も》し能《よ》く是《か》くの如く解せば、彼《か》の人、真の仏を見る

心以外に衆生も仏もなく、その心の迷っているのが衆生であり、覚っているのが仏で、心・仏・衆生の三に差別はないのだという。一切世界中、その心のつくりださないものはないのである。

同品には、さらに次の偈もある。

若し人、三世一切の仏を知らんと欲《ほっ》せば
応当《まさ》に是くの如く観ずべし、心は諸の如来を造ると

かつて唐の都、洛陽に、王明幹という者がいた。格別、善行を修することもないまま死んで、地獄におちてしまった。その入口に地蔵菩薩がおられたので、助けを求めると、次の一偈を口に唱えれば、地獄を逃れ得るであろうと教えてもらった。それがこの偈であった。そして閻魔《えんま》王の査問に対してこの偈を誦《じゅ》すると、首尾よく地獄を脱することができたという。そこでこの偈を、「破地獄の偈」というのである。

このように『華厳経』には、一即一切・一切即一の論理とともに、唯心の思想もし

ばしば見られる。なお、唯心あるいは一心の心とは、物と心と分けた上での心ということではない。この心は、物―心分化以前の一真実の世界である。それは、次の十種平等法の、その平等の世界のことである。

①無性（無自性）を以《もっ》ての故《ゆえ》に、一切法は平等なり
②無相を以ての故に、一切法は平等なり
③無生を以ての故に、一切法は平等なり
④無滅を以ての故に、一切法は平等なり
⑤本来清浄を以ての故に、一切法は平等なり
⑥戯論《けろん》（迷いの認識の中の虚妄な言語）無きを以ての故に、一切法は平等なり
⑦不取不捨なるを以ての故に、一切法は平等なり
⑧離を以ての故に、一切法は平等なり
⑨幻・夢・影・響・水中の月（のように実体のないもの）なるを以ての故に、一切法は平等なり
⑩有無は不二なるを以ての故に、一切法は平等なり

（「十地品」第六現前地）

この平等の世界が、一心でもある。それはほとんど空観によって特徴づけられているが、いうまでもなく、禅定を通しての覚りのなかに見られた世界であろう。一即一切・一切即一は、この空・無自性に基礎づけられている。その別の表現が、唯心である。その意味で、唯心と無尽縁起はひとつなのである。

仏道は信に始まる

さて、『華厳経』の説く菩薩道は、どのようなものであろうか。菩薩道の始まりには、まず「信」が説かれる。つまり、信が発菩提心の条件となるのである。

一般に、仏教の信とは、仏・法・僧（三宝）への信仰ということになろう。しかし大乗には、釈尊その人はもはや眼に見える形では存在しない。僧＝サンガ（教団）も、特定の共同体として形成されたわけではない。

大乗の信は、そのように眼に見える対象への直接的な帰依、という形はとり得なかった。しかも、伝統仏教が説かなかったような教えをうけ入れることが求められたのである。

したがって、大乗仏教における信の根本には、その教えへの知的了解も含む信、すなわち信解《しんげ》が求められたのであった。

こうして信が定まると、『華厳経』ではまず十住の初、初発心住に入るといわれる。そして、十住・十行・十廻向・十地と、段階的に修行が説かれていく。

このうち「十行品」では、十波羅蜜（六波羅蜜に、方便・願・力・智の四波羅蜜を加えたもの）が、最も詳しく説かれている。次の十廻向の第一には、まず諸々の波羅蜜を行じ、無量の善根を修することが述べられ、次に「平等観に入りて怨親無きが故に常に愛眼を以て諸の衆生を視《み》る」とあってさらに、「我れ当《まさ》に彼《か》の三悪道（地獄・餓鬼・畜生）の中に於て、悉《ことごと》く代りて苦を受け、解脱を得せしむべし」「我れ当に一一の悪道に於て、未来劫を尽くして諸の衆生に代りて無量の苦を受くべし」などといわれる。

ここには、はっきり「代受苦」の考え方が出ている。そもそも廻向というのが、自分が労苦して修行した功徳を他者にさし廻してしまうことであり、まさに代受苦の実践であろう。この修行なしに、菩薩道は完成しないのである。

そして、最も重要な十地《じゅうじ》の修行を簡単にまとめると、次のようである。

①歓喜地《かんぎじ》　正しい智慧を得て歓喜する
②離垢地《りくじ》　戒を守って心の垢《あか》を離れる

③明《みよう》　地　陀羅尼《だらに》を得、智慧が明らかになる
④焔《えん》地　智慧の焔《ほのお》によって煩悩を焼く
⑤難勝《なんしょう》　地　断じがたい無明の煩悩を断ずる
⑥現前《げんぜん》地　縁起への智慧が現前する
⑦遠行《おんぎょう》　地　修行が深まり、声聞・縁覚の境をはるかに超えていく
⑧不動《ふどう》地　無分別智が自由に働き、煩悩に乱されない
⑨善慧《ぜんね》地　説法教化が自由自在で、善く法を説く
⑩法雲《ほううん》地　智慧は大雲のようで、甘露の雨を降らす

これらの段階を通って、仏となるというのである。

大乗仏教では一般に、初発心住から十住・十行・十廻向・十地を経て、仏となるまでに三大阿《さんだいあ》僧祇《そうぎ》劫《ごう》かかるという。阿僧祇とは無数のことだが、一大阿僧祇劫の時間の長さは、八百里立方の岩を、天の時間で三年に一度、柔らかな衣でなでて、その岩が摩滅する時間という。ほとんど無限に近い時間ではあるが、それでもひとつの有限の時間の単位を表しているのである。三大阿僧祇劫は、その時間を三つ重ねるのである。実に気の遠くなるような話である。

しかし『華厳経』は、「初発心の時に、便《すなわ》ち正覚を成ず」という。信が定まって初発心住に入りさえすれば、仏となったも同じだという。自我への執著を根本的にくつがえしたところで、真空妙用（真空に徹したとき、こんこんと涌き出る仏のはたらき）の一分が働き出しているからであろう。時間的に一即一切・一切即一ということからも、つまり現在と未来は融け合っており、同時に成立しているとの見方からも、このことは説明される。この立場は、「信満成仏」（信の完成の段階＝十住の初住に上る段階で、覚りも実現したと見る思想）といって、中国や日本の仏教に大きな影響を与えたのであった。

4 『法華経』の理想

『法華経』の説く一乗思想とは

次に『法華経』についてである。『法華経』は、原名をサッダルマプンダリーカスートラという。蓮華のような正しい法を説く経典ということである。もっとも、経典中で蓮華に喩《たと》えられているのは、菩薩である。菩薩は、世間の泥中にあってこれに染まらず、やがて無垢《むく》清浄の花を咲かせるのである。

『法華経』は、中国で六回翻訳されたといわれており、そのうち三訳が残っている。なかでも鳩摩羅什《くまらじゅう》（クマーラジーヴァ。訳経僧。三四四―四一三）訳の『妙法蓮華《みょうほうれんげ》経』（もとは二十七品。天台智顗《ちぎ》〈天台大師。天台宗の宗祖。五三八―五九七〉あたりから提婆達多品第十二が見えてきて二十八品となった）は、その流麗な翻訳によって広く流布した。一般に『法華経』といえば、この羅什訳をいうのである。

羅什訳『法華経』の当初は二十七品であったが、それは少しずつ形成されたものらしく、だいたい三類に分かれるという（もとの二十七品による。田村芳朗、中公新書『法華経』）。

第一類　方便品第二―授学無学人記品第九　紀元五十年ころ
第二類　法師品第十―嘱累品第二十一、序品第一　紀元百年ころ
第三類　薬王菩薩本事品第二十二―普賢菩薩勧発《かんぼつ》品第二十七　紀元百五十年ころ

やはり、全体にかなり初期の経典である。

田村芳朗は前掲書において、『法華経』の説く主題について、一乗思想・久遠仏《くおんぶつ》思想・菩薩の使命、の三つをあげている。今、この三つについて、若干の紹介を試みることとしよう。

まず、一乗思想であるが、これは三乗思想と対立する思想である。三乗思想とは、人間には大乗仏教に適合する者、いわゆる小乗仏教の声聞乗や縁覚乗（二乗という）に適合する者など、もとより能力の差異があって、教えもそれぞれのために分かれていると見るものである。これに対し一乗思想は、誰もが大乗仏教に適合するのであり（つまり菩薩として修行して仏となり得るのであり）、声聞乗や縁覚乗も、大乗へ導入していく際の方便として意味があると見るものである。

『法華経』は、はっきりと「シャーリプトラよ、私は一乗を第一として、人々に法を説く。すなわちこれが、仏乗なのである。シャーリプトラよ、第二、第三の立場は何も存在しない。これが一切の十方世界における本来のあり方（dharmatā 法性）なのである」（「方便品」）と説いている。仏には一乗の立場しかないと明言するのである。

「三車火宅」「長者窮子」のたとえ

『法華経』は、一乗思想を巧みに数々の譬喩《ひゆ》を用いて説明していく。なかでも「譬喩《ひゆ》品《ぼん》」の「三車火宅《さんしゃかたく》」のたとえは有名である。

ある国に、大長者が大きな邸宅に住んでいた。その邸宅に、火事が起きて、家を焔がつつんだ。ところが、長者の子供たちは、家のなかで遊びほうけていて、火の迫るのを知らずにいる。長者は、無知な我が子に大火の苦しみを説き、「汝等よ速かに出でよ」と呼びかけたが、遊びに夢中の子供たちは、父の呼びかけを顧《かえり》みもしなかった。

そこで長者は一計を案じ、門の外には羊・鹿・牛のひく車がある。みんなお前たちのほしがっていたものだ。早く行ってそれらで遊べと告げた。すると子らは、先を争って戸外に出たが、そこで与えられたのは、ひとしく「宝石で飾られたすばらしい牛車」(一大白牛車)であった。

もちろん長者は仏、子供らは我々のことである。火は実は、貪《とん》・瞋《じん》・癡《ち》(貪《むさぼ》り・怒り・無知)などの煩悩に他ならない。羊・鹿・牛の三車は、一大白牛車、すなわち一仏乗の教えが与えられるための方便としての三乗の教えである。この譬喩は、実に巧みに「一乗真実・三乗方便」ということを説明している。
また、「信解品《しんげほん》」の「長者窮子《ぐうじ》」のたとえも有名である。

長者に一人息子がいたが、その息子は幼くして家出し、因窮のはてに乞食となり、流浪する。

乞食生活に慣れてしまったその息子は、やがて父親の家にたどりついても、その豪荘な構えにおそれをなして逃げ出す。そこで父親は方便をたて、便所掃除にやとう。息子は、それなら自分に合っているといって、二十年もの間、この仕事につとめる。そうこうするうちに慣れたので、父親は自分が父親であることをうちあけ、無上の財宝を息子にゆずった。息子は真実に目覚め、「今、この宝蔵は自然にして至れり」とおおいに喜んだ。

ここで、父親は仏を表し、息子は本来仏子であり菩薩であるのに大乗を遠ざかっていることを表す。それが、仏の方便によって大乗仏教に誘引されたわけである。
この他にも、「三草二木」のたとえ、「化城喩《けじょうゆ》」のたとえ等々、巧みな譬喩が説かれている。『法華経』にはそのような物語性・文学性が豊かにあることも、人々に広く親しまれた要因であろう。

仏の出世の本懐は「開示悟入」にあり

これらの『法華経』のたとえが示していることは、確かに一乗ということ、つまり人間は誰もが仏となり得るということであるが、けっしてそれだけではない。むしろ、仏の我々に対する愛情は、種々の方便をめぐらしてまで救いとろうとするほどに深いのだ、ということこそを示しているのである。やはりここでも主題は、仏の大悲の深さなのである。

たとえば「譬喩品」には、「今、此《こ》の三界は、皆是れ我が有《う》なり、其《そ》の中の衆生は、悉く是れ吾《わ》が子なり、しかも今、此処《このところ》は多くの諸《もろもろ》の患難《うれい》あり、唯だ我れひとりのみ、能《よ》く救護《くご》を為《な》すなり」という有名な言葉もある。一切の人々を自分の子供だとする仏、自分に背《そむ》いて離れていってもじっと見守り導く仏が強調されている。

このように、『法華経』の一乗思想とは、実は仏の大悲の思想にも他ならない。

したがって『法華経』によれば、釈尊がこの世にお出ましになった真の意図（出世の本懐）も、徹頭徹尾、苦悩をかかえる人々のためである。仏は、一大事因縁（唯一の理由）のためにこの世に出られた。それは、一切の人々に「仏の知見」（仏の覚そのもの）を得させるため、示すため、悟入させるため、覚らせるためだという（これは、漢訳によって「開・示・悟・入」といわれるところである）。

『法華経』に説かれる久遠の愛

後半に入ると、『法華経』の教主、釈迦牟尼仏《しやかむにぶつ》は、実は久遠仏《くおんぶつ》であることが明らかにされる。久遠仏というと、主に今より以降に永遠の存在、というイメージでとらえられようが、『法華経』にいう久遠の意味は、やや異なる。むしろ、久遠の昔にいに仏となった存在、ということである。一方、その未来に向けての永遠性は、寿命無量によって表されていよう。

久遠仏の思想は、次のように明かされる。

まず、「従地涌出品《じゆうじゆじゆっぽん》」で、他の世界から来た菩薩たちが、この娑婆世界《しやば》（娑婆というのは、サンスクリットのサハー sahā の音写で、もとは耐えることを意味することから、忍土と訳されたこともあった。この地上のこと）での布教を申し出る。釈尊はそれをおしとどめ、この娑婆世界にはもともと数多くの菩薩たちが住んでおり、かれらこそ自分のあとを継いで布教に従事するであろうという。そのとき、無数の菩薩たちが大地より涌出《ゆじゅつ》した。釈尊は、これらの菩薩たちは当初から私によって教化されたのだと明言するが、人々は、覚りを開いて間もない釈尊にこのように数多くの熟達した弟子たちがいるとは考えられない、と疑問をもつ。

これをうけて、「如来寿量品《にょらいじゅりょうぼん》」に、その疑問を解消させる如来のあり方が明かされる。すなわち、釈尊を釈迦族から出家し、ガヤの地で覚りを開いたと見てはならない。すでに釈尊が覚りを開いてから永劫の時間が経っているのだ、と説かれるのである。

是くの如く、我れ成仏してより已来《このかた》、甚大《はなはだ》久遠なり、寿命は無量《むりょう》阿僧祇劫《あそうぎこう》にして、常に住して滅せざるなり。

歴史上の釈尊、身体という形をもって現れた釈尊は、実は成仏してよりこのかた、久遠の時間を経ている仏に他ならない、その久遠仏が我々のために地上にお出ましになったのが、歴史上の釈尊に他ならない、と明かされたのであった。

結局、久遠実成《じつじょう》の釈迦牟尼仏を説くということは、ほとんど無始以来、この世に仏の大悲が射《さ》しつづけていることを説くことでもある。『法華経』は、日蓮その他によって、一面に戦闘的なイメージによって彩られているが、実はひたすら仏の愛を説く経典なのである。

他者の救済という使命

『法華経』のもうひとつの重要な主題は、菩薩の使命を説くことであった。「法師品《ほっしほん》」には、「如来使」としての菩薩ということが説かれている。仏なきのち、経の一句だけでも受持し、宣布する者は、人々の救済のために仏の世界からこの世につかわされた仏の使徒であり、如来使であると讃嘆されるのである。

この品には、「弘教《ぐきょう》の三軌」と呼ばれる、法を説く際の守るべきことが説かれている。それは、如来の室に入り、如来の衣を着け、如来の座に坐って、恐れることなく法を説けというものである。ここで、如来の室とは大悲心、如来の衣とは忍辱、如来の座とは空性のシンボルである。大悲心と忍辱と空性とをもって法を説けというのである。やはり空性を体してということは、欠かせないわけである。

一方、勧持品《かんじほん》では、悪世における布教の使命が説かれる。特にその使命をうけた菩薩の殉難、殉教が強調され、菩薩たちは忍難布教の誓願を立てている。こうした強烈な菩薩の使命感の教説は、古来、多くの人々の心を揺さぶってきたのであった。

　ただし、『法華経』を宣布するとは、いったいどういうことであろうか。すでに述べてきたように、それは仏の出世の本懐の実現に参画していくこと以外にないであろう。すなわち、他のあらゆる人々が仏智を開発していくことである。そのために仏の大悲のあることを語り、仏智の現成を祈り、そのことになんらか資助していくこと以外にない。それは、「私はあなた方を軽視しません。あなた方は軽視されてはなりません。皆、菩薩行を行じて、覚りを完成し、仏・如来になるはずですから」とただひたすら合掌礼拝する、かの常不軽菩薩（一二九ページ）の行に、純粋に現れているのであろう。

5　『無量寿経』の救い

『無量寿経』と阿弥陀仏

　次に『無量寿経《むりょうじゅきょう》』を見てみよう。
『無量寿経』は、のちに中国・日本でさかんとなった浄土教の根本聖典である。浄土教は一般に浄土三部経といって、『無量寿経』『観無量寿経』『阿弥陀経』を所依の経典とする。『観無量寿経』や『阿弥陀経』が極楽浄土の様子や浄土往生の修行の方法を説くのに対し、『無量寿経』は阿弥陀仏の本願（修行に入る最初に将来実現すべきことを誓う願）を明らかにする経典である。その意味で、浄土教の最も根本となる経典である。

阿弥陀仏の名は、無量光（アミターバ）・無量寿（アミターユス）という意味のサンスクリットの音写である。『法華経』にも「如来寿量品」の「自我偈《じがげ》」に、久遠実成の釈迦牟尼仏に関して、「我が智力は、是くの如し。慧光の照らすこと無量にして、寿命の無数劫なるは、久しく業を修して得たるところなり」とある。その無量光・無量寿という仏のありようを、そのまま名としたのが、阿弥陀仏である。

この阿弥陀仏の本生譚は、実はいくつもつくられ、阿弥陀仏の前身は、今日知られているような法蔵菩薩と、はじめから定まっていたのではなかった。それが次第に法蔵菩薩との結びつきを強くし、本願も四十八願に成長していく。それが完成したのが、現在流布している『無量寿経』である。

『無量寿経』は、中国に十二訳あったというが、今では五訳のみ残っている。そのうち、一般には康僧鎧《こうそうがい》訳の『仏説無量寿経』（二五二年）を用いるのである。

すでに述べたように（一三六ページ）、阿弥陀仏はもともとはある国王で、その国王は世自在王仏《せじざいおうぶつ》に見《まみ》えて発心し、法蔵菩薩となったのであった。そのようすを経典は、「時に、（一）国王あり、（かの）仏の説法を聞いて、心に悦予《えつよ》を懐《いだ》き、すなわち無上正真道《むじょうしょうしんどう》の意《こころ》を発《おこ》し、国を棄て、王（位）を捐《す》てて、行きて沙門《しゃもん》となり、号して法《ほう》蔵《ぞう》といえり。……」（中村元・早島鏡正・紀野一義訳註、岩波文庫『浄土三部経』上。以下同）と述べている。「無上正真道の意」とは、無上正等覚《むじょうしょうとうがく》（阿耨多羅三藐三菩提《あのくたらさんみゃくさんぼだい》）を実現したいとの覚悟のことである。法蔵とは、ダルマーカラ、真理の根源、真理の鉱脈、という意味である。

極楽浄土の完成

法蔵菩薩は、どんな仏国土を完成すべきか、五劫の間、思惟《しゆい》して、本願を立て、さらに無限ともいえるような長い時間、修行して、願いどおりの国土を完成したのであった。その修行に関しては、「不可思議の兆載《ちょうさい》の永劫《ようごう》において、菩薩の無量の徳行を積植《しゃくじき》せしゆえなり」あるいは、「無央数劫《むおうしゅこう》（長遠の時間）に、功《く》を積み、徳を累《かさ》ぬ……」などとある。ほとんど無限の時間、修行を積んだということである。

そうして、「法蔵菩薩、いますでに成仏して、現に西方にまします。ここを去ること十万億刹《せつ》なり。その仏の世界、名づけて安楽という」「成仏よりこのかた、およそ十劫《じっこう》を歴《へ》たまえり」とある。安楽は、ふつう極楽という。極楽は、阿弥陀仏の浄土の固有名詞である。仏にはその仏自身の仏国土がある。薬師如来の浄土は浄瑠璃《じょうるり》光土《こうど》という。そのように、阿弥陀仏の浄土を特に極楽というのである。

というわけで、阿弥陀仏および極楽は、法蔵菩薩の本願が完成したものである。ではいったい、本願にはどのようなことが謳われていたのであろうか。かの親鸞聖人（一一七三―一二六二）は、四十八願のうち、はじめは第十九願により、次に第二十願により、最終的に第十八願によることによって救われたという。このことを「三願転入」という。この三願を例に、法蔵菩薩の本願のありようを見てみよう。

第十九願――御来迎

まず第十九願は、次のようである。

たとい、われ仏となるをえんとき、十方の衆生、菩提心を発《おこ》し、もろもろの功徳《くどく》を修め、至心《ししん》に願を発して、わが国に生れんと欲せば、寿《いのち》の終る時に臨みて、（われ）仮令《もし》、大衆とともに囲繞《いにょう》して、その人の前に現ぜずんば、正覚を取らじ。

もろもろの功徳を修めとは、念仏の行だけでなく、種々の行を行ってということになろう。その人が真剣に浄土に生まれたいと願うならば、必ず臨終時に御来迎《ごらいごう》があって、浄土に連れていくというのである。

実際、日本の初期の浄土教では、臨終のときに弥陀の来迎があれば救われる、と考えられていた。だから源信（日本浄土教の基をなした天台僧で『往生要集』の著者。九四二—一〇一七）以前では、念仏者が死ぬときには、同志の者たちが集まってきて、御来迎があるかないか、検証したりしていた。また王朝貴族らは、臨終時に自分の手を五色の糸で阿弥陀仏の（仏像の）手とつないでもらい、念仏聖たちの念仏の合唱につつまれつつ死んでいった。

この第十九願は、浄土往生を期待させるものとして、かなり浸透していたが、御来迎がなければ救われないのだから、もっと確かな救いが望まれたであろう。

第二十願——念仏修行

次に、第二十願には、次のようにある。

たとい、われ仏となるをえんとき、十方の衆生、わが名号《みょうごう》を聞きて、念をわが国に係《か》け、（さらに）もろもろの徳本を植えて、（それらを）至心《ししん》に廻向《えこう》して、わが国に生れんと欲《おも》わんに、（この願い）果遂《かすい》せずんば、正覚《しょうがく》を取らじ。

ここでは、阿弥陀仏の名号を聞いて浄土往生を願って諸々の行を行うことが前提となる。名号を聞いての行であれば、その中心は念仏ということになろう。主として念仏を修して、浄土に生まれたいと真摯《しんし》に願うならば、必ずそのことは成就させるというのである。

とすれば、御来迎の有無にかかわらず、浄土往生が保証されたことになる。しかし、主として念仏を修するということが、その前提となっている。しかも、それはどの程度まで行えばよいのかわからない。とすれば、この第二十願も、凡夫にとっては充分に浄土往生の保証を与えてくれるものではないことになる。

第十八願——ただ一度の念仏

行をみずから遂行し得る人はそれでもまだ、第十九願や第二十の願で救いの望みをもてるかもしれない。しかしその力もない者は、いったいどのように救われればよいのであろうか。

阿弥陀仏の大悲は、岸の上にいる人よりも、河に溺れかけている人にこそ向けられているはずである。それは、四十八願のなかのどれに謳われているのであろうか。この追求の果てに見出されたのが、第十八願であった。それは次のようである。

　たとい、われ仏となるをえんとき、十方の衆生、至心《ししん》に信楽《しんぎょう》して、わが国に生れんと欲して、乃至《ないし》十念《じゅうねん》せん。もし、生れずんば、正覚を取らじ。

ここにはもはや、諸々の善行を修すべきことは説かれていない。ただ「乃至十念」つまり十回でも念仏しさえすれば、必ず浄土にひきとるというのである。

実は、サンスクリット原文によれば「乃至十念」とは、仏国土に生まれたいという「こころをおこすことが十返にすぎなかったとしても」なのであり、しかも「いろいろな善根がそのために熟するようにふり向けたとして」との条件がついている。漢訳とはかなり異なるが、中国・日本では、この漢訳の文から、十回ほどの念仏によって救いは完成するのだ、と読むのであった。

その念仏も、観相の念仏や憶念の念仏（心のなかに仏の姿を描いて念じたりする本来の念仏）ではなく、ただ南無阿弥陀仏の六字名号を唱える口称の念仏でよいとし、乃至十念を、多念乃至十念よりは、一念乃至十念（乃至は―から―までのこと）と読んで、一回でもよいという説すら出てくる。

こうして、第十八願に基づいて、心に何かを観察する修行のような困難な修行ではない、易行《いぎょう》としての浄土教が確立されてくるのである。

ちなみに、『無量寿経』巻下には、

十方恒沙《ごうじゃ》のもろもろの仏《ぶつ》・如来、みなともに無量寿仏の威神功徳《いじんくどく》の、不可思議なることを讃歎《さんだん》したもう。（そのゆえは）あらゆる衆生、その（無量寿仏の）名号を聞きて、信心歓喜《しんじんかんぎ》し、ないし一念せん。至心に廻向して、かの国に生れんと願わば、すなわち往生することをえて、不退転（の位）に住すればなり。

とある。ここには、諸仏が阿弥陀仏を讃えるその御名《みな》（名号）を聞いて、信心歓喜することと一念すれば、「即得往生」、ただちに往生するのだ、ということが説かれている。このことも、前の第十八願の乃至十念を一念において読む読み方を支持することになる。

諸仏が阿弥陀仏を讃えるのは、法蔵菩薩が、自分が仏となったときはそういう事態が実現するように、と本願に誓ったことによる（第十七願参照）。我々が阿弥陀仏の名を聞くのも、ゆえに法蔵菩薩の本願によってなのであり、そうであれば、我々が信心歓喜するのもまた、法蔵菩薩のはからいによることだったのである。

親鸞はさらに、至心・信楽・欲生《よくしょう》（我国）の心、まじり気のない純粋な願いの心を我々はとても起こせはしない、これらの心も法蔵菩薩＝阿弥陀仏の清浄願心から我々にさしむけられるのみである、と覚った。

行よりも信（しかも如来より賜《たまわ》る信）の立場に立つ親鸞であるが、その根本には、源信が「大悲無倦《だいひむけん》、常照我身《じょうしょうがしん》」（『往生要集』）という、その阿弥陀仏の大悲に照らされている自己の自覚、本来の自己の自覚があった。こうして、一切の自力を放下《ほうげ》した、絶対他力の浄土教を唱えたのである。

『無量寿経』では、大乗仏教の見た仏の、その大悲の側面がもっぱら強調され、その観点からの仏教が説かれている。それは、大乗仏教の到達すべきひとつの必然的な形態であったろう。

6　大乗経典と如来蔵思想

『如来蔵経』のたとえ

以上、代表的な大乗経典の世界をかいま見てみた。それらには一貫して、「燃灯仏《ねんとうぶつ》授記《じゅき》」物語を原点とするモチーフが流れていることが知られたであろう。すなわち、他の仏と出会ってみずから仏となろうとし、願を立て、修行して仏となって、他の人々を仏と成らせていくということである。そのなかのどこに着目して強調するかによって、それぞれの経典の主題はやや異なってくるが、すべては右の骨子のなかにあるといえる。そしてそのモチーフ自身を純粋に強調したのが、如来蔵《にょらいぞう》思想である。

如来蔵とは、原語をタターガタガルバといい、ガルバは母胎もしくは胎児を意味する。如来蔵とは、一切の人々が如来の胎児をもっているということであり、その意味は、人はやがては如来となるべき者だ、ということである。

如来蔵の語をはじめて使用した『如来蔵経』は、九つの譬喩によって如来蔵を説明するが、その第一は概略、次のようである。

枯れ萎《しぼ》んだ、悪臭を放つような蓮の花の「がく」の上に、どういうわけか如来が坐っている。それは実は、仏が神通力で描き出したものである。その萎んだ蓮の花のなかの如来のように、我々の煩悩にまみれた心のなかに、如来がじっと動かずに坐禅を組んで坐っている。だからこそ如来は、煩悩の花弁を取り除き、そこにある如来の智を浄化するために、法を説くなど働きかける。

ここには、我々の煩悩にまみれた心のなかに如来が坐しているということが説かれている。しかしそれだけではなく、すでに如来となったものは、我々に働きかけて、内なる如来の智を開発させていくということも説かれている。このことは、他の譬喩でもまったく同様である。

たとえば、「蜂蜜を得たい者が、真っ黒に群がる蜜蜂を巧みに払って巣から蜜を取り出すように、仏は善巧《ぜんぎょう》方便によって我々の煩悩にまつわりつかれた仏の本質＝如来の智を取り出す」「身寄りない嫌われ者の女に、王となるはずの胎児が宿っていたが、女はそのことに気がつかないまま、自己を悲観して日を過ごす。そのように、人々にも如来の種（種姓）が宿っているのに、知らないまま身寄りなく生死輪廻している。そこで如来は、みずからをさげすまないよう法を説く」等々である。

このように、如来蔵思想の主題は、単に人々が如来となるべき因を有しているということだけではなく、如来の側でさかんに働きかけて、人々を如来に実現させていくという、その如来の大悲のことにも他ならない。

もちろん、人が如来となったときには、他の人々にさかんに働きかけていくであろう。このように、如来蔵思想の根本は、如来の働きかけをうけて如来となり、如来として人々を如来にしたてていくという、無限連環のことなのであり、まさに大乗仏教の主題を純粋に取り出したものである。

方便としての如来蔵思想

如来蔵思想でそのように積極的に凡夫の内なる如来の智を説くのは、ある理由があるからだと、如来蔵説自身が考えている。『宝性論《ほうしょうろん》』という如来蔵の論書（四―五世紀ころ）は、その書物が著された理由を、次のように記している。

①自分は覚れないとひるむ心に対し、如来蔵ありといって大勇猛心を起こさせ、

②発心して、まだ発心していない者をあなどる心に対しては、すべての衆生に如来蔵があると説いて、衆生のすべてに大師としての敬意を抱かしめ、

③虚構のものを実在として執著する心に対し、般若の知によって煩悩の空なることを説いて過失を除き、
④真実の法をも無として誹謗するものに対して、如来の後得の智によって不空なる如来の徳性ありと明かし、
⑤強い我執に対し、慈愛にもとづいて自他を平等に愛せしめ、よって仏の位にすすませる。
（高崎直道『仏性とは何か』法蔵館）

ここには、如来蔵思想の主張はある特定の目的に基づいた方便であることが説かれている。
釈尊が相手の能力や性格に応じて説法を行ったと同じく、特にニヒリズムに陥っている者や我執の強い者などに意味のある教えなのだと、みずから自覚して規定している。善巧方便（方便に巧みであること。方便とは、目的地＝覚りへのバイパスを設けることである）ということの大切さを説く、大乗仏教らしい考え方である。

覚体験によって証された、人間の内なる智

だが、如来蔵思想のいう、人間存在における仏智の内在とは、単に方便で説いたと

いうだけでなく、覚者の眼に映った厳然たる事実だったのではないか。

『如来蔵経』には、「我れ、仏眼を以って一切衆生を観《み》るに、貪欲・恚《い》・癡《ち》の諸煩悩のなか、如来智と如来眼と如来身の、結跏趺坐《けっかふざ》して儼然《げんぜん》として不動なる有り」とある。その源は、『華厳経《けごんきょう》』「性起品《しょうきぼん》」の次の一節である。

> 仏子よ。如来の智慧・無相の智慧・無礙の智慧は、具足して衆生身中に在り。但《た》だ愚癡《ぐち》の衆生は、顛倒想《てんどうそう》の覆《おお》いによって、知らず、見ず、信心を生ぜず。爾《そ》のとき、如来、無障礙《むしょうげ》・清浄の天眼を以て、一切の衆生を観察す。観じ已《おわ》って、是くの如き言を作《な》せり。「奇なるかな、奇なるかな。云何《いか》んが、如来の具足の智慧の、身中に在りて而《しか》も知見せざる。我れ当《まさ》に彼の衆生をして、聖道を覚悟せしめ、悉く永《よう》に妄想顛倒の垢縛《くばく》を離れしめ、具《つぶ》さに如来の智慧の其の身内に在《あ》るを見せしめ、仏と異なること無からしめん。」如来は即時に彼の衆生をして、八聖道を修せしめ、虚妄顛倒を捨離《しゃり》せしむ。顛倒を離れ已れば、如来智を具《そな》え、如来と等しくなり、衆生を饒益《にょうやく》す。

『華厳経』も、如来が人々を観察したとき、人々の身中（心の相続）のうちに、仏の具《そな》える智とまったく変わらない智慧が存在するのを見て、「奇なるかな、奇なるかな」と叫んだという。それは実は、『華厳経』の作者自身の覚体験が証した事実だったのではなかろうか。

大乗経典は、釈尊を鑽仰《さんぎょう》する菩薩（大乗教徒）たちの宗教体験のメッセージなのであり、特に、大悲に照らされて大悲を転ずる主体を実現していくという、その骨子を見落としてはならない。

大乗の立場は、我・法の二空を徹底して説く。その二空、または一切法の空性は、覚のなかに実現する。仏とはこれを円《まどか》に覚したものである。その仏の想いの内容はまた、大悲心そのものに他ならないことを、大乗経典は一様に説いているのである。

第四章　空の論理——中観派の哲学

1 ナーガールジュナと『中論』

中観派と瑜伽行派

釈尊の説法＝『阿含経』から、アビダルマの理論体系が整理されていったのと同じように、大乗の経典を基にしつつ、哲学的な思想体系が整理されていく。それは、中《ちゅう》観《がん》派と瑜伽行《ゆがぎょう》派の二大学派において確立されたのであった。

中観派は、ナーガールジュナ（龍樹《りゅうじゅ》。一五〇—二五〇年ころ）を祖師とする学派で、『中論』を根本聖典とし、まさに「中」、もしくは「空」の論理を明らかにした。『中論』には、「行くものは行かない」とか「見るはたらきは見ない」といった、逆説的な表現がいたる所に出てくる。日常言語表現（あるいは実体論に基づく言語表現）が矛盾を孕《はら》んでおり、解体されざるを得ないことを縦横に論じて、最高の真理（勝義諦《しょうぎたい》）のありかを示そうとしている。それは、まさしく大乗仏教哲学の根本に位置する論書であった。

一方、瑜伽行派は、唯識《ゆいしき》学派のことである。唯識教学は、大乗空観をふまえたアビダルマの再解釈というべきものである。マイトレーヤ（弥勒《みろく》）、アサンガ（無著。三九五―四七〇）、ヴァスバンドゥ（世親。四〇〇―四八〇）がこの思想の大成者であり、アサンガの『摂大乗論《しょうだいじょうろん》』、ヴァスバンドゥの『唯識三十頌《じゅ》』などを根本聖典とする。

唯識は、世界は唯《た》だ識が現したのみであるとして、我（自我）・法（世界の構成要素）ともに実体ではあり得ないことを、現象に即しながら説明する。そのために、意識下の阿頼耶識《あらやしき》といった識をたてたりする。中観派が主に否定的表現に終始して、もっぱら勝義諦を指し示そうとするのに対し、唯識では、阿頼耶識を含む八識をたてつつ、世界のあり方、輪廻の様相、修道のしくみなどを説明しようとしている。

この両派は、特に後世に至ると、さかんに論争した。もっとも、中観派のほうで瑜伽行派の説を低く位置づけ、そのことを正当化しようとする文献が多く、瑜伽行派のほうで中観派を攻撃しようとするものは少ない印象をうける。

そのように、中観派はさかんに瑜伽行派を攻撃するが、私見によれば、両者は互いに補完し合ってよいものと思われる。というのも、今述べてきたように、中観派はもっぱら勝義諦《しょうぎたい》の表現に問題の中心があるのに対し、瑜伽行派は現実世界の一応の分析・説明に関心の重点があるので、必ずしも同一の地平にあって相対峙《あいたいじ》するものではないと思われるからである。しかも瑜伽行派は、最高の真理としては中観派の説くことを認めるにちがいない、と少なくとも私には思われるのである。

ともあれ、我々はこの両者を、大乗仏教の哲学の代表と見てよい。本章では以下、ナーガールジュナの『中論』を中心に、中観派の思想を見ていき、次章には瑜伽行派の思想を見ていくこととしよう。

大乗の祖師ナーガールジュナ

ナーガールジュナが八宗の祖師と呼ばれることは、よく知られている。浄土真宗にとっても真言宗にとっても、あらゆる宗派にとって、ナーガールジュナは祖師なのである。まさに大乗思想の淵源と呼ぶにふさわしい哲学者であるといえよう。

この高邁《こうまい》な仏教学者ナーガールジュナに、興味深い伝記が残されている。『龍樹菩薩伝』（羅什《らじゅう》訳）によると、かれは南インドのバラモンの出身で、きわめて優秀であった。親友三人とともに「隠身の術」を体得すると、いつも王宮に忍び込んで美女とさかんに交わりをもったという。

そのうち、その王宮の女官たちに懐妊した者がやたらと出てきた。これは隠身の術を使う者のしわざかもしれないというので、王は警戒を強めた。ある日、四人の足跡が見つかったことから、王は兵をひきつれ宮中に入り、すべての門を閉じてのち、兵に虚空を斬らせた。ナーガールジュナの親友三人はすぐに殺されてしまったが、ナーガールジュナは王のすぐ傍《かたわら》にいることでなんとか助かった。このとき、ナーガールジュナは、「欲は苦しみの本であり、多くの禍《わざわい》の根である。徳を損《そこな》い身を危《あやう》くすることは、みなこれから起きるのだ」とはじめてうなずいて、出家を志したという。

この物語は、出家以前のことであるが、隠身の術の使い手というのは、どこかナーガールジュナの空の思想を象徴しているかのようである。隠身には無相の相が示されているからである。

この『龍樹菩薩伝』ではまた、ナーガールジュナが大龍である菩薩に海に連れていかれて、宮殿で深奥《しんおう》の大乗経典を授かったというような話も出てくる。『伝』はこれら奇話に満ちていてなかなか楽しいが、どれほど史実を基に変型しているのかは測りようもない。

中村元は、その他チベット資料のプトン（一二九〇―一三六四年ころ）の『仏教史』やターラナータ（一五七五―一六一五年ころ）の『仏教史』などを参照し、これらに共通な点として、次のことをあげている（人類の知的遺産13『ナーガールジュナ』講談社、現在は講談社学術文庫『龍樹』）。

①かれは南インドと関係があった。そうして、南インドのサータヴァーハナ王朝となんらかの関係があったのではないかと想像されている。
②かれはバラモンの生まれであった。
③かれは博学であって、（特にバラモンの）種々の学問を修めた。
④かれは、一種の錬金術を体得していた。

ちなみに、錬金術を追求するシヴァ教（ヒンドゥー教のうち、シヴァ神を崇《あが》める流派）の一派の水銀派は、ナーガールジュナという名の人を開祖としているそうである。水銀派は水銀を不死の薬として用い、シヴァ神との合一をめざすのであった。いずれにせよ、これらによると、ナーガールジュナは、バラモンの諸思想を学んだが満足できず、大乗仏教に身を投じたということになろう。

ナーガールジュナの著作

ナーガールジュナの著作としては、まず『中論』をあげなければならない。もっとも、ふつういう『中論』とは、漢訳のピンガラ（青目《しょうもく》。三〇〇年前後）の注釈のついたもののことであるが、ナーガールジュナがつくったのはその中の頌《じゅ》（詩）のみ、すなわち『中頌』（『根本中頌』）である。

この『中頌』には、ブッダパーリタ（仏護《ぶつご》。四七〇—五四〇）、バーヴィヴェイカ（清弁《しょうべん》。四九〇—五七〇年ころ）、そのうちチャンドラキールティ（月称《げっしょう》。六〇〇—六五〇年ころ）らも注釈を書いており、そのうちチャンドラキールティの注釈『プラサンナパダー（浄らかな言葉）』は、サンスクリット本が伝えられている。

その他に、『六十頌如理論』『空七十論』など、『中論』と同様の思想を伝えるものがある。漢訳『十二門論』もナーガールジュナの作と伝える。また、論争の帰結すべきところを示す『廻諍論《えじょうろん》』という作品もある。

特に漢訳のみに伝わる重要なものとして、『般若経』の注釈である『大智度論《だいちどろん》』（智度は般若波羅蜜のこと）、『十地経《じゅうじきょう》』（『華厳経』「十地品」）の注釈である『十住毘婆娑論《じゅうじゅうびばしゃろん》』がある。もっとも、これらが真にナーガールジュナの作かどうかについて、学界にはなお議論があるが、『十住毘婆娑論』は彼の作と認めようとする人が多い。

またナーガールジュナには『親友への手紙』（『勧誡王頌《かんかいおうじゅ》』）、『宝石の連列』（『宝行王正論《ほうぎょうおうしょうろん》』）という書簡形式の作品もある。これらは王に対し、『中論』で語られたような哲学思想とともに治政の心構えなどを説くものである。その王とは、南インドのサータヴァーハナ王朝の国王（一説にガウタミープトラ王。二世紀）と推定されている。

この他にも、種々の著作は伝えられているが、やはりなんといってもナーガールジュナといえば、『中論』が主著であるということになろう。

2　縁起から空へ

縁起観はおのずと空観へ

『中論』は、全体で二十七の章をもつ。そこには、因果関係・運動・認識・行為・時間・存在等々をめぐる、鋭利な議論が展開されている。

このうち第二十六章は、「十二支（縁起）の考察」の章である。ここでははじめ、ごくふつうに十二縁起のことが説かれているが、終わりに次のように説かれる。

それゆえ、無知なる者は、生死輪廻の根本である諸々の行為（サンスカーラ）を営む。したがって、無知なる者は、（業を）作る者である。知者は（業を作る者では）ない。真実を見るからである。（第二十六章―10）

無明が滅したとき、諸々の行為の産出はない。一方、無明の滅することは、知によるこれ（縁起）の修習からある。（第二十六章―11）

十二縁起は、無明があるからこそ我々の苦しみの生存があることを跡づけるものであった。したがって、無明を滅しさえすれば、因果関係の順を経て、苦しみ以外の何ものでもない生存も滅せられるのであった（第一章四五ページ参照）。無明を滅するということは、知による縁起の修習によって可能であり、真理を見る智者となれば、無明―苦は滅するのである。

では、その「知によるこれ（縁起）の修習」とは、具体的にどういうことであろうか。もちろん十二縁起を観察することに他ならないであろう。しかしその場合、単にこの因果関係をくりかえし覚えただけでは、無明が滅するとは考えられない。十二縁起を観察するなかに、縁起のあり方を見ることにおいて、事物に実体性のないことを洞察していくことによって、無明を滅する智が生まれてくるであろう。

チャンドラキールティはここに、「縁起を正しく見ると、一切の存在は自体が空であることの真実に達して、迷わず、業を作らず、無明は除かれる」旨を説明している。縁起の修習は、一切の事物の自体が空であることを見ることにまで達しなければならない。そこに至ってはじめて、真実に至り、業をつくらず、無明を滅し、苦を滅することができるのである。

そうすると、一切の事物は本性上空であることをいかに観じていくか、が重要になろう。縁起観はおのずから空観へと深められなければならない。『中論』は、まさにこのことを論理を尽くして説明していくのである。以下、その一端をのぞいてみよう。

有でもなく無でもなく

十二縁起として語られる我々の生死輪廻の世界では、生じるものがあり、滅するものがある。では、そこで生じるものは、どういう特質をもっていようか。

存在は自己からは生じない。他からもけっして生じない。自己と他からもけっして生じない。何から生じるのであろうか。（第二十一章―13）

ここで存在と訳したのは、存在するもの、個々の事物のことで、存在そのことの意ではない。存在するあるものが、もしすでに自体あるものなら、そのもの自身から、あるものが改めて生じることはないであろう。

かつて蟬《せみ》の脱皮を見たことがある。陽も落ちて暗くなったころ、殻を破って透きとおるように白い蟬が出てくる。いくほどもなく、真っ白な身体は茶色く変身するのだった。さて、蟬は蟬から生じたろうか。すでに蟬であるものが、その蟬である自分から蟬になったとはいえないであろう。

しかし、自分から生じないからといって、他者から生じるであろうか。自分とは異なるものからあるものは生じ得るのだとすると、青虫から蟬が生まれてもよいであろう。しかしそんなことはあり得ない。そうすると、あるものは、自分自身からも、自分以外からも生じるのではないことになる。よくよく反省してみると、こういうことになるのである。

このことは、別に表現すると、次のようである。

存在は有から生じない。存在は無から生じない。非存在は無から生じない。非存在は有から生じない。（第二十一章—12）

非存在はもともと生じようはない。生じ得るのは存在であるが、無から存在は生じようもないであろう。一方、存在はすでに有なのだから、改めて生じる必要もないし、生じようもないであろう。

ここに論じられていることは、自体が有るような有《う》なるものが想定されると、変化し現象しゆく世界は説明できない、ということである。

もしも本性上有であるものがあるとすると、それには無（となること）はあり得ないであろう。なぜならば、（有であるというその）本性の変化することは、けっしてあり得ないからである。（第十五章―8）

本性が無であるとすると、何物の変化があろうか。また、本性が有であるとすると何物の変化があろうか。（第十五章―9）

こうして、元来「縁《よ》りて生ず」という縁起の世界、我々の変転きわまりない現象世界に、有なる存在もしくは無なる存在はないことが知られる。まさに、

『カーティヤーヤナへの教え』（『迦旃延《かせんねん》経』）において、「有り」と「無し」というふたつが、有と無とを明らかにされる世尊によって否定された。（第十五章―7）

なのである。

ウィトゲンシュタインと『中論』

では、この生成し、現象する世界を、どう見ればよいのであろうか。そのことに入る前に、『中論』が他にも実体観を徹底して論破している例を、二、三あげてみよう。

我々はごくふつうに、私は見る、私は聞く、といういい方をする。眼が見る、耳が聞くといってもよい。ともかく、主語をたて、そしてそれが作用するといういい方をする。このことは、英語などではより顕著であろう。

しかしこの場合は、作用を始める前に、私なり眼なりがある、という考え方に拠っていることになる。では、見る作用以前の「見るもの」とは、いったいどこにあろうか。眼球か、その中の網膜か、視神経か、脳細胞か？

こう考えると、たとえば眼が見る、とはたして本当にいい得るのか問題である。では私が見るのであろうか。私が種々に作用するのであろうか。

見たり聞いたりする以前の、歩いたり坐ったりする以前の、さらには眠ったり覚めたりする以前の、あらゆる作用以前の「私」は、どこに求められよう。『中論』第九章（過去の存在の考察）は、「見、聞等よりも、また受（感受作用）等よりも、先に確立されている存在は、では何によって仮設《けせつ》（言語表現）されるのであろうか」と、問いを投げかけている。

見たり聞いたり考えたりしない、一切の作用を離れた存在は、確かに確認のしようもない。ましてそういうものが自己（主体）といい得るのか、問題である。今世紀最大の哲学者といわれるウィトゲンシュタインも、

私が、「私が痛みを感じている」と言うとき、私は痛みを感じているある人を指示しはしない。なぜなら、ある意味で私は、痛みを感じている人が誰であるかを全く知らないのであるから。

（『哲学的探究』第四〇四節。黒崎宏訳『「語り得ぬもの」に向かって――ウィトゲンシュタイン的アプローチ』勁草書房より）

といっている。痛いという事実の他に、その痛みとは別に存在する「痛みを感じている人」は、見出せないというのである。

ナーガールジュナはさらにいう。

もしも見等を離れてかの確立されたもの（自己）が存在しているのなら、それ（自己）を離れても、それら（見等）が存在するであろうことは疑いない。

（第九章―4）

見るという一事実において、作用を離れた主体をたて、それに作用が結びつくとのいい方をすると、主体と作用の二元論となり、両者は別々の存在として独自に存在すると認めなければならないことになる、というのである。もし、そうではない、主体と作用は切り離せないのだ、というなら、作用のただなか以外に主体は存在しないこととなる。ということは、作用のないとき、主体も存在していないことになろう。

このように、主体と作用の関係は、けっして二元論的に考えられてはならないはずである。黒崎宏は前のウィトゲンシュタインの言葉に関して、次のようにいっている。

たとえば、私自身が激しい歯痛を感じている時は、たとえ「私は歯が痛い」と言うとしても、その時私は歯痛そのものである。歯痛の他に「それを感じている私」などというものは何処にも存在しません。……「私はしかじかのものを見ている」

と言う時も同じです。その時、私はその視覚風景そのものです。その視覚風景の他に「それを見ている私」などというものは存在しません。（黒崎前掲書）

ここまでくれば、ウィトゲンシュタインとナーガールジュナとは、ともに手を取り合っているといえよう。

しかし我々は、私は○○する、というように、主体としての主語をたて、それに動詞で述語することを、日常、不断に行っている。そこでは実は、無意識のうちに、一切の作用以前の私（汝・彼等々）という、現実世界とは没交渉の実体的我を想定している。

あるいは、元来、あらゆる作用を離れた静止的な実体が存在していて、しかもそれが時に応じて作用するという、致命的な矛盾を平気で認めているのである。

主体と運動の関係をどうとらえるか

主体と作用の関係に対し、客体とその運動の関係はどうであろうか。

現に行きつつあるものに、行くことが有ると考える人には、現に行きつつあるも

のが行くのだから、行くことなくしてしかも現に行きつつあるものが有る、という過失に陥る。（第二章―4）

運動するものは、過去にもなく未来にもない。今運動しているものを離れて、運動するものはない。そこで、運動するものが運動する、というと述語の運動以前に運動しているものがあることになる。一切の運動以前の客体であるはずのものが、そもそも運動していることになってしまう。しかし、それでよいであろうか。

現に行きつつあるものが行くことには、二種の行くことがむすびつくことになる。それが現に行きつつあるその行くことと、その行きつつあるものが行くということとである。（第二章―5）

すでに運動しているものが運動するとなると、ひとつのものにふたつの運動があることになる。しかし、「現に行きつつあるものに、ふたつの行くことはあり得ない」。とすれば、「現に行きつつあるもののうちに、どうして行くことがあり得ようか」ということになる（第二章―3）。

　このように、あるものが運動する、というとき、現在すでに運動しているものがあって、それが（さらに）運動するのであってはならない。しかしながら、現在運動していないものに、運動はあり得ない。今現在運動していないものに対しては、運動しているとは述語し得ない。

　たとえば、新幹線がものすごい速さで走っていく、とふつうにいう。今、走っていない新幹線に対して、走っていくとはけっしていえないに違いない。しかし、すでに走っている新幹線が、さらに走っていくであろうか。

　もちろん、そんなことを意味しようとして、走っていくといったのではないだろう。そうすると、我々が「新幹線が走っていく」というとき、実は走っている新幹線を一度止めておいて、それに対して、走っていくと述語するという、なんともムダなことをしているのである。

　このように、あるものが運動する、という類の言語表現はすべて矛盾をかかえており、我々の世界の真実相をいい当ててはいないのである。

　もちろん、主体と作用と同様に、主体と運動を解することもできる。主体と運動が異なっていれば、主体を離れて運動があり、運動を離れて主体があることになろう。しかし、運動そのものだけがどこかにあるとは考えられず、一切の運動以前の主体が存在していると見るのも問題である。

一方、主体と運動はひとつなのだと見れば、運動そのものが主体であるということになり、矛盾を生じる。両者は同じと見るべきでもなく、異なると見るべきでもなく、主体や運動はそれ自身としては成立し得ないのである。

因とは何か、果とは何か

このように見てくると、何々が有る、何々が働く、何々が行く、といった言語表現は、すべて破綻せざるを得ないことが知られよう。では、この我々の世界は、どう見ていけばよいのだろうか。

一般に、仏教は世界を縁起で説明したといわれる。アビダルマの世界では、同時的な相依関係を含むさまざまな縁起の分析がなされたのであった。だが、縁起とはいったいどういうことであろうか。そもそも、関係するということは、どういう構造をもっているのだろうか。

たとえば、因果関係を例にとってみると、『中論』は次のようにいっている。


もしも原因と結果とがひとつであるとすると、生ずるもの（能生）と生ぜられるものである（所生）とが一体になってしまうであろう。また原因と結果とが異なるものであるとすると、原因は原因ではないものと等しくなってしまうであろう。（第二十章—20）

牛乳からチーズが作られる（蟬のさなぎと蟬でもよい）。このとき誰もが、牛乳は因で、チーズは果である、と考える。ここで原因と結果が同じだとすると、牛乳もチーズも同じものだということになる。液体も固体も区別ないということになるわけだが、そんなはずはないだろう。

では原因と結果は、別のものと決まっていようか。もし両者が互いに別のものだとすれば、チーズにとって別のものである砂糖や塩と同じように、牛乳もチーズになり得ないか、またチーズにとって別のものである牛乳がチーズの原因となり得るのだから、同じ別のものである砂糖や塩もチーズの原因となり得ることになろう。しかし、このこともまたあり得ないことである。

そうすると、原因と結果とは、同じともいえないし、別であるともいえないことになる。しかも日常言語上等、「論理的」には、同じか別か、以外の値《あたい》は存在しないのである。

時間的因果関係の否定

さらに『中論』は、こうした時間的な因果関係は、そもそも時間というものの性格から、成立し得ないのだと説く。たとえば、

また、もしも結果が（因と縁との）完全な和合とともに（同時に）現れ出るのなら、生ずるもの（能生）と生ぜられたもの（所生）が同一時においてあるという過失に陥る。（第二十章―7）

また、もしも（因と縁との）完全な和合より以前に結果が現れ出るのなら、結果は因と縁とを離れた無因のものとなるであろう。（第二十章―8）

もちろん、原因の前に結果がすでにあるのでは、当然、因果関係はあり得ない。その果は無因のものとなる。原因と結果が同時にあるとしても、その場合、時間的な因果関係は成立し得ず、ただ両者は同時に互いに相依るのみで、果が因から生まれたとはいえない。

ちなみに結果より前に原因がある、つまり原因が滅したあとに結果があるなら、原因が無となってのち結果があるのだから、やはり結果は無原因のものとなってしまう。

このように、縁起といっても、これを関係性で見ようとすると、関係そのものがその成立を問われ、解体されざるを得ないことになりかねない。

おそらくここには、時間のパラドクスがあるからである。我々は時間というものをふつう直線的に見る。時間を直線的に見るということは、時間を空間のなかに一次元的に配列して見ているということである。そこでは、見ている自己の側が、空間的な静止体と化していることになる。このことにはなかなか気づくことがむずかしいが、実はそういう構造になっていよう。しかし本来、自己はうつりゆき変化する当体そのものであったはずである。ここに大きな背理がある。

ナーガールジュナは、単純に時間を直線的に見ることを誡《いまし》めている。たとえば、運動に関しては次のようにいう。


すでに行ったところに、行くことは起こらない。未だ行かないところにも、行くことは起こらない。今、現に行きつつあるところにも、行くことは起こらない。どこにおいて、行くことが起こるのであろうか。

（第二章—12）


すでに過去は存在せず、未来も未だ存在し得ない。有るのは現在のみであるが、現在はまさにそこにある今であって、生じたり無になったり変化したりということのあり得ない世界である。今、現にそこにある、その正当恁麼時《しょうとういんもじ》（道元）なのであるから。この立場に立つと、時間の直線性は消えてしまう。

> 今、現に生じつつあるものも、すでに生じたものも、未だ生じていないものも、どのようにしてであれ生じない。（このことは）今、現に行きつつあるもの、すでに行ったもの、未だ行かないものによって、同じように説明された。（第七章―14）
>
> 現に生じつつあるものは、現に生じつつあるがゆえに、（ふつう無から有へと生じるようには）生じるのではないのである。

結局、時間は直線的なある長さをもってつかめない。にもかかわらず、我々はとどまることなく現在から現在へと移行していく。常に現在に居つづけながら、景色は変わっていく。そこが我々の原点であろう。

　ここから見るとき、一切の言語表現が、事実をいい当てていない、虚妄的なものとなるのである。

3　戯論寂滅の世界

「空」と「中」

以上は、ナーガールジュナのさまざまな逆説的な主張のほんの一端である。しかし、この少ない例からもわかるように、ナーガールジュナが通常の言語表現（の背後にひそむ世界観）をことごとく否定しようとしていることは、明らかであろう。それは、あらゆる種類の実体観の否定であった。そのゆきつくところは、ひとまず次の句に見られるのかもしれない

もろもろの存在にとって、無自性なることがある。（それらが）変化するのを見るからである。無自性なる存在は、有るのではない。なぜなら、もろもろの存在に空性があるからである。（第十三章―3）

一切は、自体をもつものではないゆえに、有なるものとはいえず、無自性・空であ

る。ただし、その根拠としてあげられた「変化するのを見るから」は、未だ徹底した立場ではない。時間はつかまえることはできず、運動や変化はあり得ないのが実相でもあったからである。

おそらくナーガールジュナの『中論』における主張には、いくつかの階層があり、ある命題もより上位の命題から否定されていくのだと思われる。たとえば、今の主張から空・無自性という知見を得て、しかもこれに一面的に固執するなら、それもまた否定されなければならない。

あらゆる見解を脱するために、勝者（仏）によって空性が説かれた。一方、人がもしも空性の見解を抱くならば、その人々を治癒し得ない人と呼んだのである。

（第十三章―8）

空は、空をも空じた空空《くうくう》へと透脱されなければならない。一面的な空を徹底して超えた、畢竟空《ひっきょうくう》へと脱落されなければならないのである。

ナーガールジュナの次の頌は、有名である。

縁起ということ、それを我々は空性と説く。それは（現象世界そのものに）因《よ》りての仮設《けせつ》（仮の設定＝言語表現）であり、それはすなわち中道である。

（第二十四章―18）

中国の天台智顗《ちぎ》に、空・仮・中の三諦の哲学（天台教学の重要な教義のひとつ。ひとつの事象に、空・仮・中の三つの真実のあり方がとけあっているとの説）を生んだ頌である。

頌そのものは、縁起の世界は無自性・空を本性としているが、その空性という言葉も諸々の事そのことに対しての言語表現にすぎないことを述べているのであろう。そしてその縁起の世界の、言語を離れた実相が「中」なのである。

否定でしか表せない戯論寂滅の世界

では、縁起であり（実は関係性すら超えられており）、空と表現され（実は空の語にも規定されえない）、中である世界とは、どういう世界なのであろうか。いったいナーガールジュナは、『中論』の主張を通じて、我々をどこに導いていこうとしているのであろうか。

第二十五章は、「涅槃（ニルヴァーナ）の考察」の章である。この冒頭、反対者が「もしもこの一切が空であるなら、（何ものの）生起も無く、また消滅もない（はずである）。何を断ずるがゆえに、また何を滅するがゆえに、涅槃があると認められよう」と問う。

これに対しナーガールジュナは、空と反対に有自性（実体論）の立場に立つと、かえって断も滅もあり得ず、したがって涅槃もあり得ないとしたあと、次のように説く。

断じられることなく、（新たに）得られることもなく、不断・不常・不滅・不生である――これが涅槃であると説かれる。（第二十五章―3）

さらに、この章を結ぶにあたっても、次のように説いている。

（涅槃とは）一切の知解《ちげ》（獲得・対象的認識）が滅し、戯論《けろん》が滅して、寂静《じゃくじょう》なる（境地）である。ブッダは、どんな教えも、どこにおいても、誰のためにも、説かなかった。（第二十五章―24）

不断・不滅・不常・不生……と否定の辞によってしか表せない世界、それは虚妄な認識の消えた、戯論の寂滅《じゃくめつ》した世界であり、それこそが、究極の境地だというのである。ウィトゲンシュタインも、その著『論理的‐哲学的論考』を結ぶにあたり、「語り得ないものについては、沈黙しなければならない」との句を置いたのであった。

もちろんそれは、我々のこの現象世界と別に、超越的に存在している世界ではない。「生死輪廻には、涅槃とのどんな差別もなく、涅槃には、生死輪廻とのどんな差別もない」（第二十五章—19）のである。しかもそこに、戯論寂滅の世界がある。いい換えれば、一切法空の空なる本性そのものがある。それこそ、ナーガールジュナが我々に対し究極的に指し示そうとしている世界であろう。

というのも、『中論』の「帰敬頌《ききょう》」そのものに、次のようにあるからである。

滅することなく（不滅）・生じることなく（不生）、
断ぜられることなく（不断）・常住であることなく（不常）、
同一であることなく（不一）・異なるものであることなく（不異）、
来ることもなく（不来）・去ることもない（不出）、
戯論の寂滅した、寂静の縁起を説かれた仏に、諸々の説法者のうちでも最も勝れた人として、私は敬礼《きょうらい》したてまつる。

我々は、インド古代の論師たちが、「帰敬頌」に託した重みを軽視することはできない。ここには、ただ否定のみで表せる、戯論寂滅の、寂静の、と形容されるような「縁起」が、最も評価されていることが知られよう。

ここでの縁起は、もはや縁りて起こるの意の相依性・関係性すらも突破して、端的に不生・不滅の真性そのものを意味していよう。それこそ真の空性そのものである。あるいは涅槃そのものである。ナーガールジュナはそこに、仏の覚の世界を見たのであった。実際、釈尊も不生・不老・不病・不死の涅槃に覚りを得ていたのだった（『聖求経』、第一章四三ページ参照）。

不生・不滅に見る涅槃

以上見てきたように、ナーガールジュナの真意は、究極的に戯論寂滅の世界へ導くことにあった。第十八章「アートマンの考察」には、戯論寂滅の世界をめぐって、議論が集中されている。

同一のものでもなく、異なった別のものでもなく、断絶されるものでもなく、常住でもない。これが世の主である諸々のブッダの甘露の教えである。

（第十八章―11）

他に縁って（知られるの）ではなく、寂静で、諸々の戯論によって戯論されることなく、無分別で、異なったものではない。これが真実の特質（相）である。

（第十八章―9）

ここにも、否定によってしか表されない戯論寂滅の世界が真理であることが、確認されている。

業と煩悩との滅から解脱がある。業と煩悩とは、分別から起こる。それら（の分別）は、戯論から起こる。しかし戯論は空性において滅せられる。（第十八章―5）

心の対境が滅したときには、言語で表されるものもなくなる。というのも法性《ほっしょう》（存在の本質）は不生・不滅であり、実に涅槃のようだからである。

（第十八章―7）

我々が戯論寂滅を最終的にめざすべきなのは、そのことが業・煩悩を滅ぼさせ、解脱に導くからである。前に、無明の滅することは「知によるこれ（縁起）の修習からある」と説かれているのを見た（二〇一ページ）。その知の修習をめざすところは、誤った分別をもたらす戯論の寂滅にこそある。そのために、空・無自性・縁起を観じていくべきだったのである。とりわけここでは、空性をその根拠としている。その意味で、『中論』は中観の書なのであった。

4　ナーガールジュナの言語観・修道観

逆説と矛盾に満ちた言説

ナーガールジュナの思想は、以上でほぼ見届けたと思う。そこでは、戯論寂滅という言語否定の世界をめざして、さまざまな言表・命題がおそらく真理の階層性をたずさえつつ語られていたのであった。ここで、かれの言語観について、もう少し触れておこう。ナーガールジュナは、一切の言語を否定するかのようであった。釈尊は何も説かなかった、とまでいっていた。しかし、一方で次のようにもいう。

諸々のブッダは、「我（アートマン）が有る」と仮設し、「無我（アナートマン）である」とも説き、また「我なるものはなく、無我なるものもない」とも説いた。（第十八章—6）

「一切は真実である」、また「一切は真実ではない」、「一切は真実であり、また真実ではない」、「一切は真実であるのではないし、また真実でないのではない」——これが諸々のブッダの教えである。（第十八章—8）

ナーガールジュナの言葉は、逆説に満ちているだけでなく、矛盾に満ちているかのようである。一方で何も説かないといい、一方でいずれのようにも説くという。いったいこれらの言葉は、どのように理解すればよいのであろうか。

もちろん、真理の世界は、不生・不滅であり、戯論を離れており、言語を離れているであろう。このことを知るがゆえに、かえって相手に応じて適切な言葉をたてていくことができる。そこに仮設としての言葉がある。

ナーガールジュナは、言語を超えた地平を見ていて、しかもそこから自由に言葉を操っているのである。

したがって、一切は空であるという言表さえも、ひとつの意味をもって発せられているのであり、ここにとどまり執著されてはならないものである。我々はここで、「空性の用・空性（そのもの）・空の意義」についてよく知らなければならない。

そうしたナーガールジュナの言語に対する姿勢は、次のようにまとめて表現されている。


ふたつの真理（二諦）に依って、諸々のブッダは法（教え）を説いた。世間世俗の真理と、勝義の（真理との二）である。

このふたつの真理の区別を知らない人々は、ブッダの教えにおける深妙な真実を知らないのである。

言語慣習に依らなくては、勝義の真理は示されない。勝義の真理に到達しないならば、涅槃は証得されない。（第二十四章—8・9・10）

ここで、世俗は言語、勝義は戯論寂滅の超言語を意味する。こうしてナーガールジュナは、覚のただなかに実現する涅槃そのもの（＝空性そのもの）としての真理と、そこに到らしめる種々の言語表現を的確に見極め、さまざまな地平の言語表現の意味を汲むのであった。

智慧がもたらす方便

ナーガールジュナが、「諸々のブッダは、『我（アートマン）が有る』と仮設し……」とさえいっているのは興味深い。仮設の言語表現をまさしく仮設のものであると見ることができるのは、ナーガールジュナの見た戯論寂滅の真理の深さを物語っている。そこに立ってこそ、かえって自由に生き、方便にも巧みになるのであろう。ナーガールジュナの『中論』は、きわめて鋭利な論理を駆使しているが、その人となりは、案外、幅の広い、懐《ふところ》の深い人だったのではないだろうか。

というのも、ナーガールジュナには、前にも述べたように（一九九ページ）、在家の王を対象として政治の構えを説いた『宝行王正論』や『勧誡王頌』といった著作もあるからである。もちろん、治政の心構えを説いたからといって、世俗に妥協しているというのではない。むしろ、あくまでも法にのっとった、人間の真実に根ざした、厳しい勧誡《かんかい》を主としている。

しかし、ナーガールジュナはけっして性急ではない。

この法を正しく理解しないならば、我意識が起こり、それから善・不善の業《カルマ》が生じ、善・不善の業から善・不善の（輪廻の）生存が生じます。
それゆえに、我意識を止息《しそく》させる法が正しく理解されないならば、ともかくも、施し、戒め、忍耐の法に専念してください。

（瓜生津隆真訳、大乗仏典14『龍樹論集』「宝行王正論」
第二章―二四・二五、中央公論社に拠る。以下同）

我意識を止息させる（止《と》めさせる）法とは、いうまでもなく『中論』に説くような諸々の法（教え）であろう。ナーガールジュナは、たとえ王のようなある程度の知識階級の者であっても、それらをすぐには了解し得ないかもしれないと考えていた。そしてその場合、六波羅蜜の初歩をともかくも修するように、とすすめるのであった。つまり、必ずしも縁起への「知」に限ることなく、柔軟な姿勢も見せるのである。
とはいえ、仏道修行の核心は、やはり知にある。六波羅蜜は、『般若経』のいうように、あくまでも般若波羅蜜に先導され、支えられなければならない。

悪を捨て、善を守ることが、繁栄をもたらす法であり、智慧によって執著をこと

ごとく断つことが、至福にいたる法であります。（『宝行王正論』第三章—31）

解脱を実現し得るものは、あくまでも我執・法執を断つことであり、そのためには必ずや智慧が必要なのである。

智慧と禅定は不可分

では、この智慧をどのように修すべきなのであろうか。もちろん、『中論』の教えを学ぶことにおける「中観」（中の観察）こそ、その本質的な修行であろう。それこそ仏道修行の核心であり、それ以外何も要《い》らないというべきであろう。そうではあるにしても、中観派の修道論として、もう少し具体的なものは何かないのであろうか。『宝行王正論』の第五章「菩薩の行」には、六波羅蜜や十地という大乗仏教の正統的な修行があげられているが、特に詳しい方法は記されていない。

一方、『勧誡王頌』には、たとえば「縁起」は、「勝利者（仏陀）の教えの宝庫のなかでも、最もすぐれた意味の深い（教え）であります。だれでもこれを正しく見るなら、その人は仏陀そのものを知り、最上のものを見るのです」とある（一一二）。その内容・方法については、けっして具体的ではない。ただ、強いていえば、たとえば次のような頌は、仏教の知のありようを示していよう。

戒めと禅定とによって、安らかにして柔軟であり、汚れのない涅槃の位を得るべきであります。それは、不老、不死、不衰で、地、水、火、風、日、月を離れたものです。(二〇五)

思念、法の考察、努力、喜び、浄《きよ》らかさ、心の統一、平静心は、七種の、さとりの助けとなるもの(七覚支)であって、涅槃を獲得させる善の集まりであります。(二〇六)

智慧なくしては禅定はあり得ず、禅定なくしては智慧もありません。その両者がある人にとっては、生死の海は、牛の足跡(容易に超えられる小さな水たまりのこと)のようである、と知るべきです。(二〇七)

釈尊は、禅定を捨ててしまったのではなく、正しい禅定を修し、さらに禅定を深めて、覚りに至ったのであった。詭弁《きべん》ばかりを弄《ろう》するかのようなナーガールジュナにしても、けっして禅定を顧みないわけではない。そればかりか、智慧と禅定はまったく不可分であって、しかも解脱のためにはこの両者が不可欠と見ている。

おそらくナーガールジュナの『中論』の世界も、やはりどこまでも禅定の修習のなかで観察された世界であったろう。「心の対境が滅したときには、言語で表されるものもなくなる。というのも法性は不生・不滅であり、実に涅槃のようだからである」（第十八章—7）というところに、ナーガールジュナが深く禅定をも実習した仏教者であったことを、私は思うのである。

5 その後の中観派の修道論

ナーガールジュナ以後の中観派の人々

ナーガールジュナの修道論は、独自の体系・組織をもつものではなかったが、後世、中観派ではさまざまな修道論関係の書物が著された。本章をそうした書物の一端の紹介で終わりたいと思うが、それには先に、ナーガールジュナ以後の中観派の展開を見ておくのがよいであろう。

まず、ナーガールジュナの弟子に、アーリヤデーヴァ（提婆《だいば》。一七〇—二七〇年ころ）がいる。アーリヤデーヴァには、『百論』と『四百論』の著作があり、いずれも他学派への批判を通じて中観派の立場を顕すものである。ナーガールジュナの『中論』『十二門論』、およびアーリヤデーヴァの『百論』の三つの論書を研究する学派が、中国・日本の三論宗である。

アーリヤデーヴァの後、中観派の動静はあまり目立たないことになる。しかし五世紀に入ると、『中論』に注釈を残すブッダパーリタ（仏護《ぶつご》。四七〇—五四〇年ころ）が出ている。このブッダパーリタは、どのような命題を立てても論理的な誤謬《ごびゅう》に帰することを主張した。『中論』自身ひたすらこのことを説いたのだ、というのである。プラーサンギカ派（帰謬《きびゅう》論証派）の祖にも位置する者である。

これに対し、バーヴィヴェイカ（清弁《しょうべん》。四九〇—五七〇年ころ）は、当時確立されつつあった仏教論理学の推論式を用いて、中観派の立場を積極的に論証しようとした。この立場を、スヴァータントリカ派（自立論証派）という。

バーヴィヴェイカは『中論』の注釈の『般若灯論』の他、種々の問題を仏教内外と比較思想的に扱いつつ中観派を最高の思想として論じた『中観心論頌』、同自注の『中観心論註思択焰《しちゃくえん》』などを著している。

バーヴィヴェイカの中観の命題の論証は、第一に、勝義諦においては、という条件をつけ、第二に、「何々は何々でない」というときの「ない」の否定はただちにその反対の肯定（見ないに対しては聞く、かぐ等々、牛でないに対しては馬、象等々）を意味せず単にその否定のみしか表さない、という前提を設けたものであった。したがって、論証といっても、通常の形式論理とまったく同じというわけではなかった。その独得の論理の、現代の論理学との関連が注意されよう。

バーヴィヴェイカののち、チャンドラキールティが現れ、プラーサンギカ派の立場に立ってバーヴィヴェイカの説を厳しく批判した。このチャンドラキールティには、『プラサンナパダー』という『中論』への注釈があり、しかもサンスクリット本が残されていることから、研究が進んでいる。またチャンドラキールティは、チベット仏教において高く評価されていることからも有名である。著作には他に、『入中論』などがある。

さらにその後の有名な中観派の論師としては、プラーサンギカ派のシャーンティデーヴァ（寂天《じゃくてん》。六五〇―七〇〇年ころ）、スヴァータントリカ派のシャーンタラクシタ（寂護《じゃくご》。七二五―七九〇年ころ）、その弟子カマラシーラ（蓮華《れんげ》戒《かい》。七四〇―七九五年ころ）などがいる。

シャーンティデーヴァは、『入菩提行論』や『大乗集菩薩学論』（『シクシャーサ

中観派の系譜

ナーガールジュナ（龍樹《りゅうじゅ》150－250）

アーリヤデーヴァ（提婆《だいば》170－270）

ラーフラバドラ（羅睺羅《らごら》200－300）

スヴァータントリカ派（自立論証派）

- バーヴィヴェイカ（清弁《しょうべん》490－570頃）
- アヴァローキタヴラタ（観誓《かんぜい》700年頃）
- 瑜伽行中観派
- シャーンタラクシタ（寂護《じゃくご》725－790頃）
- カマラシーラ（蓮華戒《れんげかい》740－795頃）
- ラトナーカラシャーンティ（1000年頃）

プラーサンギカ派（帰謬論証派）

- ブッダパーリタ（仏護《ぶつご》470－540頃）
- チャンドラキールティ（月称《げつしょう》600－650）
- シャーンティデーヴァ（寂天《じゃくてん》650－700頃）
- アティーシャ（982－1054）

ムッチャヤ』）などの詳しい修道論の論書を編み、のちにチベット仏教を復興したアティーシャ（九八二―一〇五四。『菩提道灯論』を著す）にも影響を与えた。

シャーンタラクシタとその弟子カマラシーラは、時のチベット王チソンデツェン王に招かれてチベットに入り、チベット仏教の基礎を築く。カマラシーラは中国の禅僧、摩訶衍《まかえん》と論争したことで知られている。かれは、中観派の修行の綱要書である『修習次第』（『バーヴァナークラマ』）を三篇（初篇・中篇・後篇）残している。

かの玄奘は、ナーランダー寺で唯識が栄えていたように伝えるが、そののちには中観派が勢力を増していったのであろうか。チベットに入った仏教は主として中観派であり、かれらインドの正統的な仏教者がチベット仏教の土台を築くのである。

中観派の修行階程の一例

さて、中観派の修道論であるが、ここでは比較的まとまりのあるカマラシーラの『修習次第』から、修行の核心の具体的な方法を見ておこう。ナーガールジュナからは時代的にはるか遠ざかるが、中観派の流れのひとつの見解が知られる。

『修習次第』の初篇（漢訳『広釈菩提心論』に対応する）の内容は、次ページの図のようである。

『修習次第』初篇における修道の段階

- 大慈悲《だいじひ》の修習
- 発菩提心《ほつぼだいしん》
- 菩薩道《ぼさつどう》
  - 方便《ほうべん》＝般若を除く五波羅蜜・四摂事《ししょうじ》など
  - 智慧《ちえ》（般若）
    - 聞慧《もんえ》
    - 思慧《しえ》
      - 聖教
      - 論理
      - （聖教・論理）による不生《ふしょう》の観察
    - 修慧《しゅえ》
      - 止《し》＝心一境性《しんいっきょうしょう》
      - 観《かん》＝無相智《むそうち》への進入
  - 止・観または方便・智慧の双修
- 修行の階位（信解行地《しんげぎょうじ》・十地《じゅうじ》・仏地《ぶっち》）

ここではまず、菩提心を発する前に大慈悲心を起こすべきことが説かれている。それは大乗仏教の定法《じょうほう》なのであった。

そして、あくまでも般若の智慧が重視されている。それは、聞慧・思慧・修慧である。このうち、『中論』の学習・思索は、たとえば思慧などに入るのであろう。理性的な了解は、さらに深化、突破され、修慧が実現しなければならない。それは止観行である。すなわち、禅定と智慧とである。禅定と智慧の両者ある人にとっては、解脱もたやすいのである。

止観のプロセスと覚への到達

では、その止観はどのように修習されるのであろうか。止は、心一境性ともいい、心が統一された状態を実現していくことである。そうして、観は何をどのように観ずるのであろうか。

『修習次第』は、ここで『楞伽経《りょうが》』の次の偈（詩）を引用して説明する。

唯心に進入して
外の対象を分別しないように

真如の所縁に住して
唯心をも超えるように
唯心をも超えて
無相（nirābhāsa）をも超えるように
（真の）無相に住したヨーギン（ヨーガ行者）は大乗を見る
（かれは）任運自在で、寂静で
諸々の願によって浄化される
勝れた智の無我なることを
無相によって見るのである

はじめに、外界の対象を実在と見ず、唯心に住することが説かれる。外界の対象が実在であり得ないことに関し、ここでカマラシーラは、原子論も破綻せざるを得ないからとしている。このことは、唯識教学ではつぶさに論じられたのであり、カマラシーラもそれを当然とするのである。

次に、外界がない以上、それに見合う主観、物に対する心もないことが知られる。そこで唯心の心は、所取—能取（客観—主観）の二元分裂を離れていることが知られる。そうして、所取―能取を離れた真如を対象とした心のあり方になる。

こうして、所取―能取の無という了解すら離れた無分別の禅定に入っていくのであり、所取―能取の分裂を離れた無二智、一切の対象的了解が超えられた無相智に住すると、大乗を見る、すなわち根本的な覚に到達するのである。

大乗の修行者は、本願を立てて修行していく、その願によって、六波羅蜜の修習等の各々の段階から浄められていくが、もちろん般若波羅蜜が中心であり、その勝れた智慧は、無我すなわち一切法の無自性・空性を究明していく。究極においては、その真実そのものを、無相によって見るのである。無分別智は、何も（対象的に）現れるものがないというあり方によって見るのである。

カマラシーラは瑜伽行中観派といわれるが、ここには、いわば唯識観から無二智・無相智・無分別智への道すじが説かれている。一切法無自性の真実の了解は、さまざまな地平でなされ得るが、結局は「心の対境が滅したときには、言語で表されるものもなくなる」（二二一ページ参照）の世界に、禅定と智慧、止と観は集注されていくのであろう。

仏教では、聞・思・修という。教えを学んで、考えて、実践するということであろう。そして、それぞれの段階に智慧が生じるという。聞慧・思慧が修慧へと集注されていくとき、修慧は現量（直接知覚）で真実を覚証する。理路をふまえた観察がいずれ究極的には無分別智へと帰入していくなかで、真に一切法の空性が体得される。それはちょうど、木（観察）をこすり合わせて火（無分別智）をおこすと、火そのものが木を焼いてしまうようである。それでこそ、我執・法執の根も截断《せつだん》されるのである。そこにおいてこそ釈尊の覚りとつながると、大乗仏教は見ているのである。

これが中観派の修道論の、ひとつのあり方であった。

第五章　唯識の体系——瑜伽行派の哲学

1　唯識の系譜

唯識を担った人々

大乗仏教のもうひとつの有力な学派は、唯識《ゆいしき》教学を説いた瑜伽行《ゆがぎょう》派である。唯識教学は、前に触れたように、部派（小乗）のアビダルマの我・法倶空（人・法二空）をふまえての再解釈という性格を濃くもつ。それは、大乗仏教として立宗されたさまざまな宗派の教理の基礎をなすものである。

唯識の源流には、部派仏教における「瑜伽師《ゆがし》」の活動があったであろうことが、西義雄によって指摘された。瑜伽師（yogācāra）は、瑜伽行（ヨーガ。止観行）の実践者ということである。

説一切有部には、教団の伝統に則《のっと》る種々の禅定や観法を実践する瑜伽師らがいた。ところが、そうした実践に打ち込むなかで、有部の正統的な教学と矛盾する事態を体験し、それら教学を担う阿毘達磨師《あびだつまし》（論師）と異なる見解を主張することもあったようである。

それは何も、有部《うぶ》だけではなかったかもしれない。各部派とも、どちらかというと教学研究に専念する阿毘達磨師と、実践を重視する瑜伽師とがいたのであろう。

そうした瑜伽師のなかには、止《し》観《かん》行の実践のなかで、一切法空の事実をまざまざと体験する者も出たにちがいない。そういう人々が、それまでの部派教学にあきたらず、唯識教学の源流を形成していったものと考えられる。『瑜伽師地論《ゆがしじろん》』という、ひとつの唯識の根本聖典があるが、それは、かれら大乗につながっていった瑜伽師の体験と思索を集大成したものといえよう。

もっとも、『瑜伽師地論』が編纂《へんさん》されたり、唯識教学が組織的に体系化されたりするのは、四―五世紀のことである。初期唯識論書の作者には、マイトレーヤ（弥《み》勒《ろく》）・アサンガ（無著《むじゃく》）・ヴァスバンドゥ（世《せ》親《しん》）がいるが、今日、ヴァスバンドゥは四〇〇―四八〇年、その実兄のアサンガは三九五―四七〇年と推定されている。ヴァスバンドゥをもう少し早く見るとしても、四世紀を上ることはない。

前にも述べたように（第二章八八―八九ページ）、ヴァスバンドゥははじめ部派の教学を研究していたが、実兄のアサンガの教誡《きょうかい》をうけて、大乗唯識に転向したとされるのであった。なお、ヴァスバンドゥ二人説というのがあるが、今は触れないでおく。

マイトレーヤ・アサンガ・ヴァスバンドゥによる唯識論書

アサンガは伝説によると、神通力によってしばしば兜率天《とそってん》に昇り、その兜率天にいる弥勒菩薩（未来仏）から唯識の教えを伝授されたということである。それをアサンガが人々に語ったのが、弥勒菩薩説とされる論書であるという。さてこの伝説をどう解釈すべきか。

もちろん、伝説をそのままに信じる立場もあり得る。しかし最近は、弥勒菩薩説とされる初期唯識論書は、実は歴史的に実在した、アサンガに先行する瑜伽行派の先輩の説を、未来仏として信仰を集める弥勒菩薩に仮託してまとめたものであるという解釈もなされる。この場合でも、弥勒論書を編纂したのは、アサンガ（およびヴァスバンドゥ）であったようである。

ここに、マイトレーヤ・アサンガ・ヴァスバンドゥの代表的な著作をあげておこう。

マイトレーヤ

『弁中辺論頌《べんちゅうへんろんじゅ》』

『大乗荘厳経論頌《だいじょうしょうごんきょうろんじゅ》』

アサンガ
『摂大乗論《しょうだいじょうろん》』
『大乗《だいじょう》阿毘達磨《あびだつま》集論《じゅろん》』
『顕揚聖教論《けんようしょうぎょうろん》』

ヴァスバンドゥ
『弁中辺論』（『弁中辺論頌』への注釈）
『大乗荘厳経論』（『大乗荘厳経論頌』への注釈）
『摂大乗論釈』
『唯識二十論』
『唯識三十頌《じゅ》』

前述の『瑜伽師地論』は、漢訳では弥勒菩薩説とされるが、チベット訳ではアサンガ作である。その成立過程（全体が一時に成ったのか、部分ごとに漸々《ぜんぜん》に成ったのか等々）には議論がある。ただ、おおよそアサンガ以前には成立していたと見られるようである。また、ここでヴァスバンドゥ作とした『大乗荘厳経論』は、実はアサンガ作だという有力な説もある。なお、唯識系の経典に『解《げ》深密《じんみつ》経』がある。一般には、まず経ができてそのあとに論がつくられると考えられるが、この経典が上述のあらゆる論書に先立つものであるという保証は何もない。ただ『瑜伽師地論』（「摂決択《しょうけっちゃく》分」）には、すでにそれは含まれている。

このように、初期唯識論書の成立過程や初期瑜伽行派の状況は、詳しくは未だ解明されていない。しかし少なくともアサンガ・ヴァスバンドゥが唯識教学を集大成したのは、間違いないところである。

奈良の興福寺は、法相《ほっそう》宗のお寺であるが、美術品の宝庫でもある。そのなかに、その人の精神のありようを実に見事に写した、アサンガ像（無著像）・ヴァスバンドゥ像（世親像）の彫像がある。かつては宝物館で拝観することができた。今日では北円堂に安置され、特別の期間しか拝せないのは残念であるが、そのほうがやはり法相宗の信仰にふさわしいあり方だと私も思う。

『摂大乗論』と『唯識三十頌』

前述の唯識論書のうち、代表的な論書はまず、アサンガによる『摂大乗論』である。『弁中辺論』も『大乗荘厳経論』も、「摂大乗」、すなわち大乗教理の綱要化の一環であるが、その最もすぐれたものが『摂大乗論』であろう。幸い我々はこれを、長尾雅人『摂大乗論　和訳と注解』上・下（講談社）のすぐれた研究によって、親しく読むことが可能である。やはりすぐれた大乗綱要書として知られる『大乗起信論』が、中国での作ではないかと疑われたりするのに対し、インド仏教に正しい出自をもつ大乗仏教の綱要書としては、『摂大乗論』が随一であろう。

　この『摂大乗論』は、小乗仏教よりすぐれている大乗仏教の教理として十項目を掲げ、その各々を詳しく解説している。その十項目とは、次のようである。

①阿頼耶識《あらやしき》
②三性《さんしょう》（遍計所執《へんげしょしゅう》性・依他起《えたき》性・円成実《えんじょうじつ》性）
③唯識性（真如《しんにょ》）
④六波羅蜜
⑤十地《じゅうじ》
⑥菩薩律儀（戒）
⑦首楞伽摩《しゅりょうがま》虚空等諸三摩地《こくうとうしょさんまじ》（定）
⑧無分別智（慧）

⑨無住処涅槃
⑩三種仏身（自性《じしょう》身・受用《じゆゆう》身・変化《へんげ》身）

個々の詳しい説明をここには述べないが、今まで種々述べてきた大乗仏教の教理が、巧みに盛り込まれていることを知ることができよう。

もうひとつ、唯識論書のなかの代表的な書物は、ヴァスバンドゥの『唯識三十頌』である。『唯識三十頌』は、修道論や仏身論などを含め、唯識教学の全体系をわずか三十の詩にまとめた名品である。ここに、唯識教理の一切が確定されたといってもよいであろう。

もっとも、ひとつの頌（詩）に盛り込める言語は、あまりにも僅かである。もし一頌の内容を講義すれば、おそらく何時間あっても足りないという具合であったろう。『唯識三十頌』はそれほど濃密で、また種々解釈が分かれるものでもあった。

この『唯識三十頌』には、ヴァスバンドゥ以後、何人もの学者が注釈を書いたようである。我々には今日、スティラマティ（安慧《あんね》。五一〇―五七〇）の注釈が、梵文で残されている。これにはすぐれた翻訳（荒牧典俊訳、大乗仏典15『世親論集』中央公論社）もあり、要を得た解説（三枝充悳著・横山紘一解説、人類の知的遺産15『ヴァスバンドゥ』講談社、講談社学術文庫『世親』として二〇〇四年三月刊）もある。

護法―玄奘―奈良への唯識の法灯

法相宗は、玄奘訳『成唯《じょうゆい》識論』を根本聖典とするが、これはヴァスバンドゥの『唯識三十頌』の詳細な解説書のことである。特に、ダルマパーラ（護法《ごほう》。五三〇―五六一）という学者の説を中心として、他の学者の説も批判的に織り込みつつ編んでいる。『成唯識論』においてダルマパーラの説といわれるものが、実際に実在したダルマパーラの学説そのままかどうかは問題もあるが、少なくとも玄奘《げんじょう》が入った当時のインドの思想界の高度な哲学的論義を、豊かに伝えるものである（拙著『唯識の探究――『唯識三十頌』を読む』春秋社は、その比較的詳しい解説書である）。

ダルマパーラは、世界最古の総合大学ともいわれるナーランダー寺の学頭であった。ナーランダー寺は、インドの黄金期を画したグプタ王朝のシャクラーディトヤ王（四〇〇年ころ）の創建で、哲学・法学・医学・音楽などが学ばれた。ダルマパーラのもとには、インドや近隣諸国から俊秀が集まって学問に励んでいたのだが、その数、数千人ともいわれている。

ヴァスバンドゥからダルマパーラへの間には、数々の唯識学者がいたのであろうが、特に注目されるのは、ディグナーガ（陳那《じんな》。四八〇—五四〇）である。ディグナーガは仏教論理学を完成し、唯識の識の理解についても自証（知は自己認識であるということ）を軸に新機軸を打ち出し、言語に関しても「他の否定」（アニヤーポーハ。たとえば、「牛」の語は「非牛の否定」つまり「馬・象・鹿……等の否定」を表すという理論）という〝差異〟において分析する哲学を確立するなど、多くのすぐれた思想を示した。

ディグナーガは、聖教（経論）をただちに真理の標準とは見ず、その真理性は論理に還元されるとした。このこともまた、仏教思想史の中では画期的なことである。ダルマパーラの教学は、このディグナーガの説をも多分に考慮したものなのである。

一方、ダルマパーラのあとをついだのは、シーラバドラ（戒賢《かいげん》。五二九—六四五）である。かれもまた学徳無双の偉大な教育者で、長くナーランダー寺を統率した。

かの玄奘は、当時（唐）の国禁を破って西域へ脱出し、想像を絶する艱難辛苦《かんなんしんく》に耐えて、ようやくインドに入った。説一切有部の本場カシュミールで学んだり、さらにナーランダー寺で五年の間、唯識を中心とする仏教学その他の思想を修得したのである。インド地方滞在は、十七年間にも及んでいる。行動力といい知力といい、実にスケールの大きな天才であった。

瑜伽行派の系譜

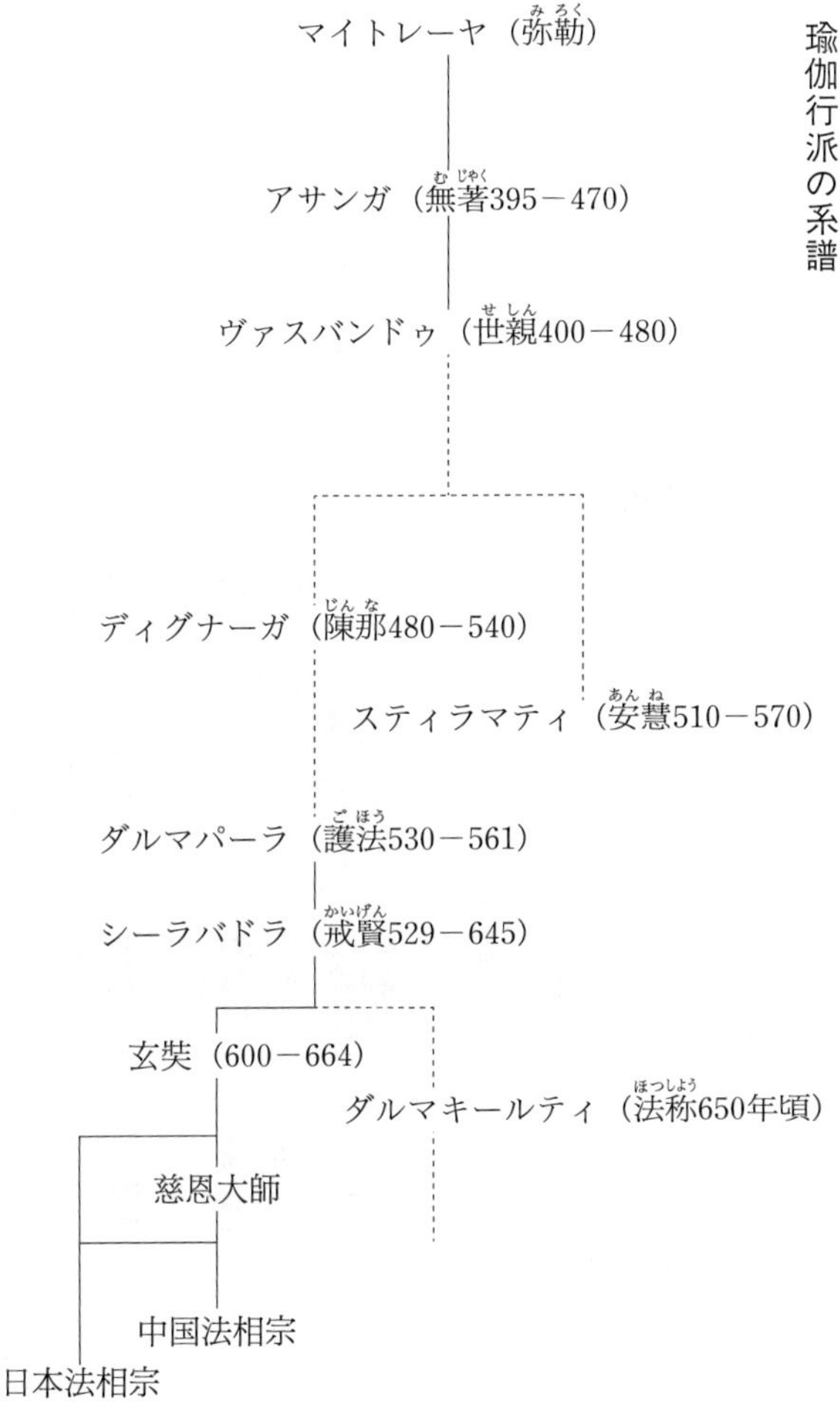
マイトレーヤ（弥勒《みろく》）
アサンガ（無著《むじゃく》395－470）
ヴァスバンドゥ（世親《せしん》400－480）
ディグナーガ（陳那《じんな》480－540）
スティラマティ（安慧《あんね》510－570）
ダルマパーラ（護法《ごほう》530－561）
シーラバドラ（戒賢《かいげん》529－645）
玄奘（600－664）
ダルマキールティ（法称《ほっしょう》650年頃）
慈恩大師
中国法相宗
日本法相宗

玄奘は、当時のナーランダー寺は唯識の全盛であったと伝えている。また、中国に大量の経論を持ち帰り翻訳したが、玄奘が最も高く評価していたのは、やはり唯識教学だったのであろう。後に弟子の慈恩《じおん》大師により、『成唯識論』を根本聖典とする法相宗が開かれるのであった。

そして、それは遣唐使に同行した学僧らによって、いわばリアルタイムに奈良に伝えられた。まことに奈良はシルクロードの終着駅である。インドではその後、中観派が勢力を盛り返し、中国でも法相宗の衰微は早かった。唯識の法灯が後代まで伝えられたのは、世界の中で日本の奈良が唯一かもしれない。奈良仏教は、実に貴重な文化遺産なのである。

2　心王・心所の現象学

唯識さえも方便と見る唯識観

さて、いよいよ唯識思想の内容について見ることにしよう。

唯識とは文字通り、唯だ識のみ、ということである。識とは認識の識のことだが、ここでは感覚・知覚の総称としておこう。つまり我々の世界は、自己も含めて、感覚・知覚そのこと以外には何もないというのである。

そしてこのことによって、物や自我の実体は存在しない、ということを表そうとするのである。いわば、識が描き出している映像があるのみで、固体的・実体的な物や自我は存在しないというわけである。その映像的世界（第四章二〇七ページにいう視覚風景等）は、のちに述べるように、阿頼耶識を含む八識および心所において説明される。

はじめにやや奇妙なことをいっておけば、実は唯識教学は、その唯識ということをひとつの知見としてもたせるために説かれたものではない。まして、たとえば阿頼耶識という識があることを確信させるために説かれたものでもない。唯識は、その唯識という了解すら乗り越えられ、捨て去られるために説かれたものである。つまり、唯識は実は唯識ということ自体さえみずから否定する構造をもつ教えなのである。

というのは、唯識はまず第一に、常住不変の自我や物がいかに存在しないかを説明するための理論なのであった。これを学ぶことによって、我々が日常、我執や法執のなかに生きているのは誤りであると反省させられる。

言語と事物の関係

そうすると、今度はそれ（執著された我・法）をなくしていくための修行に入っていくべきということになる。その修行は、とりあえず唯識観の観法が中心となる。

その唯識観では、はじめに、実在する対象（所取）は存在しないということを観察していく。そして次に、それに見合う形の実在する主観（能取）もないということを観察していく。所取―能取は相対してはじめて成立し得るものだからである。こうして、主観―客観の分裂を取らず、世界は唯だ識のみであるという了解さえ対象的な認識として否定されたとき、無分別智が開かれて真如が証されるという。

法執（それは我執の根源でもある）は、所取―能取の消えた無分別智が生じてはじめて真に断ぜられ、このとき、かえって縁起の世界は縁起のままに、幻のように実体のない世界はまさに幻のように見ることもできるのである。

このように、唯識の教学はいわば覚りへと導くための方便なのであり、けっしてそれ自体が最終的な真理であるというわけではない。唯識はこのことを、みずから自覚している。みずから、それは究極の真理（勝義諦）ではなく、道理世俗（世俗諦だけれども一定の理論的な反省がなされた言語体系）だと自覚しているのである。

そのように唯識の教説は、とりあえずはあくまでも常住の物や自我がないことを説明するものである。では、それはどのようになされていようか。

　我々が、物や我を認識するのは、主として言語を媒介としている。我々は言語を修得していくなかで、自己と他者の区別や、自己とものの区別、ものとものの区別を学習し、しかも、さまざまな言葉に対応した対象が現実に存在している、と考えてしまう。

　しかし、言語世界はすでに『中論』に見たように、数々の矛盾を孕むものであった。それに、言語による世界の分節化は、あらかじめ存在する事物に実際に対応しているのかどうかは、きわめて疑問である。

　たとえば、我々は日本語において、兄といい、弟という。そこで兄は兄として存在し、弟は弟として存在すると思う。しかし英語圏では、どちらも等しくbrotherであり、その間の区別はない。かれらの世界に、兄がおり、弟がいるのか、いるとしても日本語世界と同じ仕方でいるのか、疑問である。一方、我々が机の一語ですませてしまうところを、英語圏ではtableとdeskとに分ける。こうした事例は他にいくらでもあるし、一方が数十、数百と分節化するのに、一方はその全部をひとつとしか見ない例さえある。

そうすると、言葉は、外に実在している事物に対応するのではなく、むしろ混沌または連続した事態に対する我々の側からの恣意的な（各国語に独自なあり方での）分節化にすぎない、ということになろう。結局、言葉に対応する物や我がそのままに存在するのかどうかは、おおいに疑問なのである。

しかし我々が言語を用いるとき、それはあくまでもなんらかの事象に対して用いるのであって、けっして何もないところにたてるわけではない。では、それは何に対したてられるのであろうか。

物は実在するのか

外界に、言葉に対応した物が存在するかどうかは疑問であった。ただし、そもそも物があろうがなかろうが、言葉をたてる直接の対象は、我々の感覚によってとらえられた世界であるというべきであろう。我々は、我々が見たもの・聞いたものに対して、言語をたてるのである。見たもの聞いたものというのは、すなわち我々の主観に、心に映じたものである（唯識的には、識に現じた像である）。

仮に外界に物が存在するとして、我々はけっして直接それを確かめることはできない。認識することはできない。素朴な認識のモデルによっても、外界の刺激がなんらか信号化され、それが神経を伝わって脳に達し、そこで脳が信号をもとに像を再生したものを、我々は見たり聞いたりしているということになろう。まさに映像的世界である。

分子生物学者の利根川進は、立花隆との対談のなかで、「ぼくは唯心論者なんです」といっている。「……だから、この世がここにかくあるのは、我々のブレインがそれをそういうものとして認識しているからだということになる。……つまり、人間のブレインがあるから世界はここにある。そういう意味で唯心論なんです」(『精神と物質』文藝春秋)。これは科学者の冷厳な見解である。

結局、我々は映像的現象に対して言語をたてて、そして逆にそこに常住不変の物の存在を認めるような認識を行っているのが実情というわけである。

問題は、前のモデルでいえば、映像を生み出すもととなるような外界の存在が、本当に実在するのかどうかである。

今日の理論物理学においては、物質の本体を追求していって、アトム(原子)を構成するさらに微小な単位まで究明されることとなった。しかし、そこで究極の物体は見出されたのであろうか。しかもハイゼンベルクの不確定原理によると、要するに、主観からまったく独立の客観は存在しないという。

五位百法

- 有為法
  - 心王
  - 心所有法
  - 色法
  - 心不相応法
- 無為法

- 心王《しんのう》（八）
  - 眼識《げんしき》（視覚）
  - 耳《に》識（聴覚）
  - 鼻《び》識（臭覚）
  - 舌《ぜっ》識（味覚）
  - 身《しん》識（触覚）
  - 意《い》識（知覚）
  - 末那《まな》識（恒常的な我執）
  - 阿頼耶《あらや》識（世界と業の基盤）
- 遍行《へんぎょう》（どんな識とも必ずともにはたらく作用）
  - 触《そく》（器官と対象と主観を接触させ、認識を成立させる）
  - 作意《さい》（関心を向けるはたらき）
  - 受《じゅ》（好悪の感情）
  - 想《そう》（認知作用）
  - 思《し》（意志）
- 別境《べっきょう》（特定の対象に対してはたらく心作用）
  - 欲《よく》（欲求・希望）
  - 勝解《しょうげ》（確実な了解）
  - 念《ねん》（記憶）
  - 定《じょう》（精神統一）
  - 慧《え》（分析的知性）
- 善《ぜん》（楽を招く心作用）
  - 信《しん》（仏道への信）
  - 慚《ざん》（自らを顧みて恥じる）
  - 愧《き》（他人に対して恥じる）
  - 無貪《むとん》（生存に執着しない）
  - 無瞋《むじん》（怒らないこと）
  - 無癡《むち》（事理に明るいこと）
  - 勤《ごん》（努力精進）
  - 軽安《きょうあん》（身心ののびやかなこと）
  - 不放逸《ふほういつ》（欲望のままにふるまわないこと）
  - 行捨《ぎょうしゃ》（常に心の平静なこと）
  - 不害《ふがい》（相手を傷つける気持ちをもたないこと）

- 有《う》為《い》法《ほう》
  - 心所《しんじょう》有法（五十一）
    - 煩悩《ぼんのう》（苦を招く根本的な心作用）
      - 貪《とん》（生存への執着）
      - 瞋《しん》（怒り）
      - 癡《ち》（無明、事理に暗いこと）
      - 慢《まん》（人に対する優越意識）
      - 疑《ぎ》（仏道への猶予）
      - 悪見《あくけん》（誤った見解）
    - 随《ずい》煩悩（苦を招く派生的な心作用）
      - 忿《ふん》（危害を加えんとする心）
      - 恨《こん》（うらみ）
      - 覆《ふく》（自己の罪をごまかすこと）
      - 悩《のう》（人の弱点を口撃すること）
      - 嫉《しっ》（嫉妬心）
      - 慳《けん》（ものおしみ）
      - 誑《おう》（たぶらかすこと）
      - 諂《てん》（へつらうこと）
      - 害《がい》（相手を傷つけること）
      - 憍《きょう》（うぬぼれ）
      - 無慚《むざん》（慚のないこと）
      - 無愧《むき》（愧のないこと）
      - 掉挙《じょうご》（そう状態）
      - 惛沈《こんじん》（うつ状態）
      - 不信《ふしん》（信のないこと）
      - 懈怠《けたい》（怠けること）
      - 放逸《ほういつ》（欲望のままにふるまうこと）
      - 失念《しつねん》（記憶を失うこと）
      - 散乱《さんらん》（心の集中を欠くこと）
      - 不正知《ふしょうち》（誤った理解）
    - 不定《ふじょう》（はたらくときなどが定まっていない心作用）
      - 悔《け》（後悔）
      - 眠《みん》（睡眠）
      - 尋《じん》・伺（言葉を探すはたらき、尋は粗、伺は細）

- 色《しき》法（十一）
  - 眼根（視覚器官）
  - 耳根（聴覚器官）
  - 鼻根（臭覚器官）
  - 舌根（味覚器官）
  - 身根（触覚器官）
  - 色（視覚の対象）
  - 声（聴覚の対象）
  - 香（臭覚の対象）
  - 味（味覚の対象）
  - 触（触覚の対象）
  - 法処所摂色《ほうしょしょしょうしき》（意識の対象としての物質。原子など）
- 心不《ふ》相応《そうおう》法（二十四）
  - 得《とく》（技芸などを身につけさせる）
  - 命根《みょうこん》（寿命）
  - 衆同分《しゅどうぶん》（類概念のようなもの）
  - 異生性《いしょうしょう》（凡夫を凡夫たらしめるもの）
  - 無想定《むそうじょう》（無想天に生ずる原因となる禅定）
  - 滅尽定《めつじんじょう》（聖者の修する無心の禅定）
  - 無想事《むそうじ》（無想天。誤って涅槃とまちがえられる世界）
  - 名身《みょうしん》（単語類）
  - 句《く》身（文章類）
  - 文《もん》身（音素類）
  - 生《しょう》（事物の生まれること）
  - 老《ろう》（事物が変化すること）
  - 住《じゅう》（事物がしばらくそのあり方を保つこと）

- 有為法
  - 心王
  - 心所有法
  - 色法
  - 心不相応法
- 無為法—

無為法《むい》（六）

- 虚空無為《こくうむい》（真如が虚空のようであること）
- 択滅無為《ちゃくめつ》（智慧＝択力によって得た真如）
- 非《ひ》択滅無為（智慧の所得にかかわらない真如）
- 不動《ふどう》無為（真如が苦・楽を離れていること）
- 想受滅《そうじゅめつ》無為（真如が想も受も離れていること）
- 真如《しんにょ》（事物の本性）

- 無常《むじょう》（事物が無に帰すこと）
- 流転（事物が変遷していくこと）
- 定異《じょうい》（善の因果と悪の因果は決定して異なること）
- 相応《そうおう》（善因には善果、悪因には悪果が必ず相応すること）
- 勢速《せいそく》（因果の流れの速いこと）
- 次第《しだい》（事物に前後順序のあること）
- 方《ほう》（方角）
- 時《じ》（時間）
- 数《すう》（数）
- 和合《わごう》（因から果へに、多くの縁が介在すること）
- 不《ふ》和合（事物が各々の独自性をもつこと）

※なお、無為法は有為法の実性（法性・真性）であって有為法と別にあるわけではない。また心不相応法（物でも心でもない独自の法）は、色・心の現象の上に仮に立てられたもので、本当は存在しない。さらに色法（物質的存在）は心法（心王・心所）が現じたものであり、存在としては心法に帰属する。こうして結局、実有の法は心王・心所のみとみる。

「ただ識のみ」の世界観

唯識の考え方では、いかなる外界の独立した実体も認めない。その論証を今、詳しく説明するいとまはないが、もちろんその背景には、瑜伽行体験があるのである。そもそも唯識は存在を現在にしか認めず、過去や未来の存在は認めない。過去や未来はないということは、過去は「あった」のであり、未来は「あるだろう」であって、今あるのではない、ということである。

しかも唯識は、変化する現実（諸行無常）を説明するために、存在は刹那滅（刹那刹那、生じては滅し、生じては滅ししている）であると見る。二刹那以上にわたって実体的に自己同一を保つものは、不変の実体とならざるを得ない。とすれば、変化があるということは、刹那刹那、生じては滅し、生じては滅ししているといわざるを得ないというわけである。

こうして、常住不変の存在は一切認めず、感覚をもたらすような外界の実体としてのものはあくまでも否定する。

ただし、のちに述べる阿頼耶識は、みずからのうちに器世間すなわち物質的な環境世界（および有根身《うこんしん》すなわち身体）を維持して（もちろん刹那滅である）おり、五感は、その器世間に基づいて色を見たり、音を聞いたりすると考えられている。感覚にとっては外なる物質的環境も、やはり阿頼耶識という識の一部なのであり、それゆえ唯識ということには支障はないのである。

刹那刹那、五感等が現じては消え、現じては消えつつ、流れている。この感覚や知覚としてのただ識のみの世界に対し、意識（五感の識と区別される、第六番目の知的活動の識）は言語によって分節化して秩序を形成し、そればかりか、その分節化に対応する実体としての存在を認めて、それに執著する。そこに、根本的にさかさまの見方、顚倒妄想《てんどうもうそう》がある、と唯識はいうのである。これが唯識の世界観の要点である。

対象を内蔵する八つの識

その唯識のみの識には、眼識・耳識・鼻識・舌識・身識という五感の識、さらに知的判断等を行う意識がある。そして、それだけでなく、末那《まな》識と阿頼耶識という識をたて、八つの識があると唯識は説明する。

末那識は、恒常的な我執の識である。眠っていても、あるいは善行を行っていても、常に我執が働いている。それを取り出して末那識としたのである。

この末那識は、意識の拠り所として、意識をその我執によって汚す。末那識は阿頼耶識を常住不変の我と見立ててこれに執するが、その執著のはたらきは先天的でさえある。

この末那識を、初期唯識論書は意（マナス）と表現することが多いが、その場合でも、心所と相応する（第二章九四、九五ページ参照。唯識の場合、識外の対象としての所縁を同じくすることは除かれる）ものとして説かれている。つまり、意とのみ記される場合からすでに心王すなわち識と考えられていた。

次に、阿頼耶識は、アーラヤすなわち蔵の識という意味である。それは無始より無終に流れいく（刹那滅ながら相続する）のであり、そのなかに、阿頼耶識より生起した他の七識の認識内容の一切を、種子《しゅうじ》（後述）という形で貯蔵していく。そこで、蔵の識というのである。この阿頼耶識と七識の関係は、のちに説明しよう。

先にも述べたように、阿頼耶識は、器世間（物質的環境）と有根身（身体）を維持している。唯識では、識というものはどれであれそのなかに、その識自身の対象をもっているのである。

眼識は色を見る。実はそのことは、青なら青の色が識内に現じるということ以外ではない。したがって識とは、単なる主観ではなく、もちろん単なる客観でもなく、いわば「事」そのものとみなすべきである。唯識とは「唯だ事のみ」ということにほかならず、唯識説は唯心論というより事的世界観なのである。

しかし、現じるということは、それがそこに見られることである。こうして、眼識なら眼識のなかに、見られるものと見るものが分析されてくる。術語としては、見られるものを相分、見るものを見分というが、そのように、ひとつの識のなかには相分と見分とが分析される。唯識の識とは、けっして単なる見るもの（主観）なのではない。みずから現じた所縁（対象のこと）を内にもつものなのである。

眼識にとって相分は色である。以下、耳識、鼻識・舌識・身識の相分は、順に、声・香・味・触である。意識は、一切法（あらゆるもの）を相分とする。末那識は、阿頼耶識に基づいて常住の我の相を相分とするのであった。そして阿頼耶識も識であるゆえに相分をもち、それは器世間と有根身と、それに種子であるといわれるのである。なお、阿頼耶識の世界は、見分・相分ともに不可知である。

こうして八識のなかに、色や音等々が現じている。かなり恒常的に同じ現象が立ち現れる場合もあれば、瞬時の場合もある。その八識の刹那滅の流れとしての世界に対して、言語を媒介とした実体化が犯されるのである。

阿頼耶識に基づく生死輪廻

先に、阿頼耶識は他の七識の一切の認識内容を貯えているといった。それは、次のようなしくみによるのである。

五感の識・意識・末那識をひとまとめにして、七転識という。七転識が、諸々の縁によって（種子から）生起して、各々の内なる対象を認識すると、その印象はただちに阿頼耶識にうえつけられる。我々が見たり聞いたり何か感じたりしているすべてが、意識下の阿頼耶識に留《とど》められてしまうというのである。

このことを熏習《くんじゆう》という。熏習とは、油を作る原料（実など）に香りをもつ花を合わせておいて油をしぼると、香油ができるようなことである。つまり香りが移るわけである。

こうして、阿頼耶識に熏習された気分を、習気《じつけ》という。この習気が阿頼耶識に保持され、それがまたのち（未来）の七転識の活動の原因となる。この原因となるところをおさえて、その習気を種子《しゆうじ》ともいう。

一方、七転識が現実に認識活動を行う事態（あくまでも刹那滅である）を現行《げんぎよう》という。

そうすると、現行は阿頼耶識に種子を熏習し、種子は現行を生むことになる。すなわち、

現行《げんぎょう》 熏種子《くんしゅうじ》
種子生《しゅうじしょう》 現行《げんぎょう》

という機構が、阿頼耶識と七転識の間にはあることになる。

現行は種子から生まれるが、その種子は現行から生まれる。ではいったいどちらが先なのであろうか。これに対し仏教は、時間の始源を対象的にとらえようとはしない。したがって、それには双方ともに無始というのみである。

ちなみに、種子生現行において、種子と現行は同時である。現行熏種子において、現行と種子は同時である。そうすると、種子生現行・現行熏種子は、すべて同時であることになる。このとき、はじめの種子と後の種子とは、現行にさまざまな縁が加わるから必ずしも同一とはいえないであろう。そうであっても、種子―現行―種子の三者は同時である。これを「三法展転《さんぼうちんでん》、因果《いんが》同時《どうじ》」という。

また、阿頼耶識は刹那滅であった。そこで、前刹那の阿頼耶識にあった種子（現行しなかったものや、新しく熏習された種子）は、次の刹那の阿頼耶識に、そっくり自分と同じものを引き渡すという。これを種子生《しゅうじしょう》 種子《しゅうじ》という。こうして、一切の過去の経験がそのつどそのつどの現在に伝達されていくことになる。

そのときそのときの現在に成立したその人の一切の過去の形が、単にその人の一生のみでなく、無始より無終に相続する阿頼耶識を伝って、生死輪廻を通じて伝達されていくことになる。

この阿頼耶識が説かれることによって、無我なのに、しかも過去はもはや存在せず現在のみ実有なのに、特定の個人の行為の結果がその特定の個人に報われていくという、業の説明も可能となったのであった。

唯識の心所分析

こうして、阿頼耶識のなかの種子から、縁に応じて七転識のなかのいずれかが生起する。その、刹那刹那の相続がある。そのなかに、いかにも世界が恒常的に立ち現れている。それに対し意識は、言語を媒介に恣意的に分節し、さらにその分節どおりに想定された実体に執著していく。その根本には、本来空なる存在を空と知り得ない、無明があるからであった。こうして、人は苦しみの生存のなかに生きることになるのである。

そうすると、唯識のこの理論によれば、ひとりの人の実質は、実は八識なのである。ひとりの人にひとつの心があって、それが見たり聞いたり種々作用するのではない。もとより多様な識があって、それが縁に応じていくつか複合して生起してくるのみ、というわけである。

それだけではない。識が心王であるのに対し、それと相応して起きてくるいくつもの心所（詳しくは心所有法）というものもある。唯識では、その心所に五十一をかぞえている。前に見た説一切有部の分類の仕方や内容とはやや異なる点もあるが、唯識にもこうしたアビダルマがあるのである。

これら唯識の心所の分析のありよう、各心所の内容は、前掲の五位百法の表にゆだねることとする。これにはいわば、唯識の心理学ともいうべき側面もある。

唯識とは唯だ心王・心所のみのこと

心王＝識は単なる主観ではなく、そこに相分・見分が分析されたように、心所のなかにも、相分・見分は分析される。心所もそれぞれに映像を浮かべているのである。

あるひとつの心王になんらかの心所が相応するとき、心王の相分とそれに相応する心所の相分は共通なものとなっている。眼識が青を見ているとき（青として現じているとき）、その眼識と相応する心所も、たとえば受・想とか貪・癡とかいった心所も、同様の青を相分に現じつつ、受は苦・楽を感受し、想は像《かたち》を認知し、貪は貪著《とんじゃく》し……

というようにそれぞれの機能を発揮するのである。

我々の認識もしくは世界とは、そういう多元的な心王・心所の複合体のなかに成立している、と唯識はいう。それが縁に従って組み合わせを変えつつ、刹那刹那、生滅しつつ相続されていくわけである。

したがってそこには、常住の我は存在しない。しかも単一の我も存在しない。個としてのある枠組は、阿頼耶識という形で保証されているのかもしれない。しかし実際は、多元的ダルマ（心王・心所）の縁起による複合的生起の連続があるのみなのである。

このように、唯識（唯だ識のみ）とは実は唯心王・心所（唯だ心王・心所のみ）ということなのであり、五蘊無我《ごうんむが》説（五つの要素はあっても我は存在しない）以来のダルマ多元論的構造をもっているのである。唯識はそういう形においても、無我ということ、空ということを保証している。

なお、多元的なダルマを生み出すそれぞれの種子が、もとより多元的に阿頼耶識のなかにあるのであり、のちにそこを「界」というと解釈された。このように、多元的な因を認めるがゆえに、唯一の因と想定される主宰神等を認めない、縁起の見方が可能となるのである。

ちなみに、人々《にんにん》唯識といって、ひとりひとりがそれぞれ多元的ダルマの複合体である。ということは、個人の外に個人の存在を認めることになり、それは外界実在論になりはしないか、と人は問うかもしれない。しかし唯識は、その外側の人々も各々唯だ識のみだから、結局、唯識の理論に抵触しないとするのである。

しかもその個と個の間には、たとえば器世間の同型性などもあり、互いにコミュニケーションも成立すると考えられている。したがって、識は直接にはみずからの識内の対象を認識しているだけだとしても、独我論となることはないのである。

3　縁起の正理

三性説の見方

唯識説の理論によれば、我々の実質は、阿頼耶識に基づく縁起のなかに生起してくる心王―心所の複合体の刹那滅のなかの相続である。それを、依他起性《えたきしょう》という。他者に依ってはじめてあり得る存在ということである。

そしてその上に、実体として執著された物や我は、遍計所執《へんげしょしゅう》性《しょう》という。遍計所執性は、主として意識によって、言語を媒介に、永遠不変の存在であるかのようにとらえられ、さらに執著されたものである。

たとえば、眼識の相分（眼識のなかに現じる色）などは識の一部であり、識そのものであって、縁起のなかに成立する依他起性である。そこを拠り所としつつ、実体視され、執著されたものが、遍計所執性である。なお、末那識が執著する我も当然、遍計所執性であろう。

さて、八識および心所の依他起性は、まさに縁起のゆえに、みずからによってみずからの存在を支えるものではなく、すなわち自体をもたないので無自性である。したがって空（実体性がない）である。依他起性は、うつろいゆく世界（有為法）であるけれども、その世界が無自性・空であるというその本質、空性は変化するものではない。そのことを、円成実性《えんじょうじっしょう》という。すでに完成されている存在の意である。それをまた、法性《ほっしょう》とか真如とかいう語でも呼ぶ。

このように世界を、遍計所執性・依他起性・円成実性の三つのありようで見ていく理論を、三性《さんしょう》説という。その根本には、言語の表示対象（意味）と指示対象とを、遍計所執性と依他起性として的確に弁別していく、鋭い視点があるのである。

円成実性は、依他起性の本性である。それは、我々が迷っていようが、多量に煩悩・随煩悩の心所が生起していようが、その依他起性の本質・本性として、我々の足下にある。それを、自性円成実《じしょうえんじょうじつ》という。

このように、円成実性は覚ってのち完成するのではなく、すでに現に完成しているのである。そこをまた自性清浄《じしょうしょうじょう》といったりもする。また、自性涅槃といったりもするのである。

以上で、唯識の世界観のおおよそは知られたであろう。我々が固く執していた自我や物は、映像的かつ多元的かつ縁起的世界の、しかも刹那滅ながら相続（ないし継起）する世界の上に誤って認められたものであり、本来は存在しないものだったのである。映像を本物とまちがうというのは、テレビを見ているのにそこに本人が実在していると考えているようなものである。

だが、この世界に〝本物〟（常住不変の実体）は何ひとつ存在しない。あるのはいわば、唯だ心王・心所のみであり、別ないい方をすれば、依他起性のみだったのである。このことをひとつの理路のなかに了解したとき、我々は無いものを有ると思っている妄想を離れて、真実そのものをはっきり見届けるであろう。仏教では、それが苦しみの生存から解脱する道でもあるのであった。

縁起をも超え唯識をも超えて

ちなみに、依他起性のみがあるという、縁起の世界のみがあるという、それはどういうことを意味していようか。

『中論』には、因果関係やいわゆる縁起関係すら、本当は成立しないことが説かれていた。因は果を実現する前に滅して無に帰するなら、因から果が生まれたといいようもない。しかし、果が実現するところになお因が有るとするなら、そこにもはや時間的因果関係はあり得ない。そういうことがさかんに説かれていたのであった。

では、唯識では縁起をどう見ているのだろうか。『成唯識論』は、縁起に関して次のような議論を展開している。

ある人は、「因が現在有って果が未だ生じないときは、因を因ともいえない。果が現に成立して因はすでに滅したときは、その果はいったい、なんの果であろうか。だから刹那滅の相続の立場に立つと、因果関係は成立しないはずだ」という。これに対し唯識は、「もし因の有る時節にすでに後（未来）の果が有れば、果はすでに本より有ることとなり、どうして前（過去）の因を待つことになろうか。そのほうが、因果関係は成立しなくなるだろう」という。そうしておいて、唯識の縁起理解を、次のように説いている。

だから、大乗の縁起の正理《しょうり》を信ずべきである。この正理は、深妙で、本来、言説を離れているのが本当のところなのである。因・果等の言は、すべて仮《け》の施設（設定）にすぎないのである。つまり、現在の法が後（未来）のを引く用有るを観じて、仮に未来の果を立て、そしてそれに対して現在の因ということをいうのであり、現在の法が前（過去）に酬《むく》い る相有るを観じて、仮に過去の因を立てて、そしてそれに対して現在の果ということを説くのである。ここで、仮に、といっているのは、現在の識が、過去や未来に似る相を現ずるところにいうのである。（巻三）

つまり唯識は、たとえばダルマの因果関係が客観的に存在するとはいわない。それは、あくまでも現在のダルマ（八識および心所）の上の相に仮設《けせつ》しているのみだというのである。縁起ということも、つきつめれば、事実として認めるというのではなく、ひとつの仮の表現にすぎない、というのである。

因果関係があくまでも現在に仮設されるのは、本来、存在論的に現在のみ実有で、過去や未来の存在は現在に存在しないからである。

ある現在がある。それが刹那のうちに滅する。このとき、「前の因が滅する位に、後の果も即ち生ずることは、秤《はかり》の両の頭《はし》の、低《うなだ》り、昂《あが》る時等しきが如し。是《か》くの如く因と果との相続すること、流の如し」と説明される。前の時節が滅して次の時節が生まれるのは、ちょうど天秤の一方が下がり一方が上がるのが同時のように、同時だという。

ということは、現在が滅すると同時に現在が生まれる、いわば現在に現在が生まれるということである。結局、常に現在しかないのである。その「永遠の今」、けっして対象化し得ない真の「今」の相続は、本来、言語を離れているのである。現在に現在が生まれるところには、直線的な時間は無い。直線的な時間は、あとから仮に構成されたものなのである。

そうすると、実体的に執著された我・法が無いのはもちろん、究極的には、縁起の関係性を示す依他起性という言葉さえ、世界の事実そのものをそのまま言い表しているのではなく、なんらか反省の場（道理世俗）でいわれていることになる。だとすれば、我々は、こうした唯識の思想を学んで、唯識や依他起性などを知るとき、その観念さえも超えて、さらに事実そのもの、真実そのものをはっきり見とどけるべきであろう。

4　修行と成仏

唯識修行の五階梯

こうして、修道論《しゅどうろん》が次の主題となる。その修道論の核心は、この章のはじめに述べたように、世界は唯だ識のみであるというひとつの了解をも超えて、無分別智によって真如を証することにあるのであった。もちろんそのためには、禅定《ぜんじょう》が不可欠なのである。

簡略に記すが、この唯識の修道論は、五段階（五位）で組織されている。資糧《しりょう》位・加行《けぎょう》位・通達《つうだつ》位（見道）・修習《しゅじゅう》位（修道）・究竟《くぎょう》位、というものである。

資糧位は、修行の初歩である。いわば、長いマラソンレースに耐え得る基礎体力を身につけていく段階で、六波羅蜜やその他の基本的修行を行う。

加行位は、かなり修行も熟してきたところで、覚りを開くために、禅定のなかで唯識観の観法を行う段階である。この中で、所取—能取への分別を離れていく。

通達位（見道）は、無分別智が開けて真如が証される段階である。末那識の自己中心主義が徹底的に克服されて、自他平等性を覚るのである（平等性智）。一切法の空性そのものが覚証される位である。そうすると、意識（第六意識）も智に変わり（妙観察智）、この智の眼で世界を見ていくことができるのである。

この見道の位は、十地の修行のいちばん最初の段階（初歓喜地）に入ったところである。というのは、無分別智が開けて法執の煩悩が断ぜられたといっても、それですべて解決したわけではない。阿頼耶識には、まだ煩悩の種子《しゅうじ》（しかも生得的なもの）が残っていたりするからである。

そこで次に、修習位（修道）の修行が始まる。これは、十地の修行である。十地の修行とは、十段階に分かれた修行で『十地経』（『華厳経』十地品）に説かれたもの（第三章一六六、一六七ページ参照）を基盤とするものである。そこでは、布施・持戒・忍辱・精進・禅定・智慧・方便・願・力・智という十波羅蜜の修習が説かれる。

また、この修道では、無分別智をしばしば修することによって、残る煩悩の種子や習気《じっけ》を断じていくのである。八地以後は、もはや我執はなくなってしまう。ただ、救うべき衆生はいる、実現すべき菩提はある、といった法執をあえてわずかに起こして、自由自在に人々を救済していく活動をするようになる。

そして究竟位には、ついに仏となるのである。それは要するに、自覚覚他（みずから覚し、他を覚せしむ）円満の存在、自利利他円満の存在となるということである。

一般に、仏道修行を五十二位（位は段階のこと）で表すことがある。十信・十住・十行・十廻向・十地・等覚・妙覚というものである。しかし、それは主に中国で説かれたことであって、インドの正統的な階位は、十住・十行・十廻向・十地・仏の四十一位のようである。

前の五位の中の資糧位は、この四十一位のうち、十住・十行・十廻向にあたる。加行位は、十廻向の最後の段階である。通達位は、十地の初地《しょじ》に入った段階。修習位は、それ以後の十地。そして究竟位は仏果《ぶっか》にあたる。

この間、三大阿僧祇劫の時間（第三章一六七ページ参照）がかかるという。十住から十地の初（見道）までが一大阿僧祇劫、初地から第七地までが一大阿僧祇劫、第八地から仏果までが一大阿僧祇劫である。唯識そのものは、あくまでも時間をかけて修行していく「修」の立場の仏教であり、一念（一刹那）に成仏するなどということはまったくいわないのである。

仏の分析

唯識は修行を因とする、その果としての仏身論をも詳しく説いている。いったい、

唯識説における修道の階位

五位	四十一位	時間
資《し》糧《りょう》位《い》	十住《じゅう》	一大阿《あ》僧祇《そうぎ》劫《ごう》
	十行《ぎょう》	
	十廻《え》向《こう》	
加《け》行《ぎょう》位	十廻向の最終段階	
通達《つうだつ》位（見道）	十地の初地《しょじ》に入る（入心）	一大阿僧祇劫
修習《しゅじゅう》位（修道）	十地 初地（住心）	
	十地 第七地	
	十地 第八地	一大阿僧祇劫
	十地 第十地	
究竟《くきょう》位	仏果《ぶっか》	

仏になるということはどういうことなのであろうか。唯識のなかでいえば、それは、八識のすべてが智慧に変わるということである。

阿頼耶識は、大円鏡《だいえんきょう》智《ち》に変わる。丸い大きな鏡のような智という。宇宙の森羅一切をそこに映し出しているであろう。

末那識は、平等性《びょうどうしょう》智《ち》に変わる。平等性とは、一切の存在の本性としての真如のことでもあるが、前にも述べたように、自他平等性のことでもある。そこで、この平等性智は、大悲の源泉ともなるのである。

意識は、妙観《みょうかん》察智《ざっち》に変わる。さまざまな事象について、全体のなかの位置づけや連関の構造を的確に知悉《ちしつ》するという。意識は言語機能を司るが、その智慧と化した妙観察智は、説法の主体ともなる。

五感の識（眼識・耳識・鼻識・舌識・身識）は、成所作智《じょうしょさち》に変わる。所作とは、作《な》すべき所のことで、その作すべきこととは、修行の最初（本）に立てた願（本願）に誓ったことである。それを実現していく智が、成所作智である。それは人々の五感に、仏道へ導いていくためのなんらかの映像（仏の姿など）を映し出したりしていく。

平等性智・妙観察智は、初地（通達位・見道）に起きる（第七識・第六識が、そのときそれにすっかり変わってしまうというのではない。はじめのうちは、一時的あるいは修行時のみに起きるのである）のであったが、大円鏡智・成所作智は、仏果に至ってはじめて実現するのである。

こうして、八識がすべて四智に転じたところが、仏である。

この仏に、三身《さんじん》が分析されている。自性《じしょう》身・受用《じゆゆう》身・変化《へんげ》身である。この三身を一括して、法身《ほっしん》と呼ぶ。ただし一般には、法身を自性身のこととし、受用身はまた報《ほう》身《じん》といい、変化身は化《け》身《しん》ということが多い。法・報・化の三身説である（応身《おうじん》という言葉もあるが、ほぼ化身の別名である）。

法身は、実は法性・真如のことである。空性そのものである円成実性のことといってもよい。それを仏身論では、法身と呼ぶ。

円成実性に自性円成実があったように、我々もすでに法身を自性としている。我々の法身は、仏の法身とまったくの平等性なのである。理智不二《りちふに》というときの理が、これにあたる。ただし唯識では、法身に智は含まれていないと見る。

報身は、修行という因に報われた果という意味であり、四智を意味する。四智のすべてが報身である。これは、受用身ともいうわけであるが、これをふたつに分けていう場合がある。自受用身と他受用身である。自受用身は、かつて修行した結果としての功徳をみずからに受用するということで、法悦を味わっているようなものであろう。四智のすべてがこれにあたる。他受用身とは、その功徳を他に受用せしめるということで、平等性智をもとに妙観察智が説法するところをいう。ただし、この受用せしめる対象は、十地の初地に上った菩薩以上である。つまり、未だ見道の位に達せず無分別智を開かないでいる菩薩は、その対象とはならない。

化身は、そういう凡夫の人々のために成所作智が現じた仏身で、これは人々の心の映像の中に見出されるものである。

こうしてみると、種々複雑な理論が説かれているようだが、要は仏とは、自覚覚他円満の存在、自利利他円満の存在ということである。というより、無限にあらゆる人々の救済を願ってひたすら活動している存在、ということなのである。こうして我・法の二空を修することによって、究極的にはそういう存在と実現していくことが、唯識の煩瑣な理論体系のなかに跡づけられているのであった。

唯識と中観の共通点と相違点

唯識も大乗仏教なのであった。したがって、三世十方に諸仏の存在を認めることとなる。過去世にすでに仏である方が、たくさんいることとなろう。すると、そうした多くの仏たちの大悲の心に、我々は照らされていることになる。我々は仏の大悲と目のあたりに出会うことによって、みずから発心し、修行して仏となり、未だ仏とならずにいる人々を支援していくであろう。唯識も、大乗仏教としてそういう世界を見ているはずである。三世《さんぜ》（過去世・未来世・現在世）における無数の個（人々唯識）のダイナミックな関係がそこにある。個と個とは、互いに平等性を本質としつつ、互いに縁起的にかかわっているのである。

我々は、そういう多数の個のなかの一個である。ここには、人間存在の共同体的本質の最も原初な形があるであろう。我々に唯識の教学が用意されたのは、すでに平等性を見た菩薩が、人々をその平等性の証見に導くためのひとつの方便として、仮に設定したもの（方便施設）であった。

そして、無分別智によって悟入される唯識性としての真如は、中観派の説く戯論寂滅の境地と変わらないと私は考える。その覚証のただなかでは、無分別智の語も真如の語も消えるであろう。端的に不生の世界であろう。中観も唯識も、大乗仏教として法執の断滅の徹底をめざしているのであり、それは言語や対象像が一切否定されつくしたところで実現する。唯識が人々を導き入れようとしているのは、まさにそこなのである。

ただ、中観派は一切の言表（命題）を、論理的に成立しないものとしてしりぞけるのであったのに対し、唯識は、見られるものと見るものが同じひとつの識のなかにあるという識や、縁起において生じても刹那のうちに自然《じねん》に滅するという刹那滅など、おそらく形式論理的にはそれ自体すでに矛盾そのものである概念をもとに、とりあえず我々の我・法の実体視の虚妄性を解明してみせてくれたのであった。

その意味で、詭弁を弄するかのような『中論』は、矛盾律を駆使するなど案外、形式論理を守っているのであり、理論的整合性をどこまでも追求しているように見える唯識の哲学は、かえって既成の論理を超えた論理に根ざしたものなのである。

なお、唯識は、人が覚を実現するとどのような道を歩み、仏と成就するとどのようなはたらきをなし得るかについて、詳しく記述している。仏の国土＝浄土についての詳しい分析もある。単に勝義諦《しょうぎたい》という、いわば超越的な境地をのみ指示するだけでなく、覚者は世界にどうかかわるかについて綿密に論述しているのである。そういう意味で、大乗の理想の全体像は唯識教学によって、ひとまず理論的に説き明かされたと見ることができるのである。

第六章　その後の仏教——「空」の思想の行方

1 インド仏教の衰退

釈尊から部派への分裂と発展

まず、今まで述べてきたことをもう一度、歴史的な展開に沿って、簡単に整理してみよう。

仏教の開祖、釈尊は、紀元前三八三年に入滅したと考えられており、逆算して紀元前四六三年の生誕とされている。仏教の原点となる釈尊の成道は、釈尊三十五歳のときのことであった。以後、行脚《あんぎゃ》と定住（雨期）のなかに、伝道の日々を送ったのである。

釈尊が説いたことは、ひとえに自我を含めて対象への執著を離れよ、ということであった。自我への執著が虚《むな》しいことを示すためには、五蘊無我《ごうんむが》説（個体を構成する五つの要素の上に我は仮に有るとみなされているだけで、本当は存在しない）などが説かれた。これら釈尊の説法はその後、北方には『阿含経《あごんきょう》』として、南方には『ニカーヤ』として伝えられたのであった。

釈尊の入滅（仏滅）後百年ほどして、それまではすべて一体であるとの理念の下に運営されていた仏教教団に、大きな分裂事件が起こった（根本分裂）。時代即応の教団運営をめざす大衆部《だいしゅぶ》と、伝統重視の教団運営をめざす上座部《じょうざぶ》の、ふたつの教団に分裂したのである。

いったん教団の分裂が起きると、以後さらに多様な教団に分裂していくこととなる（枝末分裂）。こうして、第二章八二ページの表のような各部派が成立してくる。これらの仏教を、部派仏教という。

なかでも、説一切有部《せついっさいうぶ》の教学は、部派仏教の教学を代表するものとして、仏教内外に広く学ばれていった。その内容をあえて一言でいえば、「我空法有」の哲学といえよう。個体や世界を構成する単位（要素）としての法は有るが、我は存在しないとして、我執の止滅を導こうとするものである。

今日、スリランカやミャンマー（旧ビルマ）、タイなどの東南アジアに伝播《でんぱ》している仏教は、上座部の系統を引く仏教である。アショーカ王時代（紀元前二六八―二三二年ころ在位。すなわち仏滅後百年余のころ）インド各地に伝道師が派遣され、スリランカにもマヒンダらの伝道師が派遣されたのが、その初伝とされている。このスリランカからまたミャンマーやタイなどに、仏教は伝播していった。

大乗の成立と展開

部派仏教は、出家の比丘《びく》らに支えられ、教義の細密な研究がさかんに行われるようになり、次第に専門化・高踏化していく。その結果、民衆からやや遊離していったことも否めない。そうしたなか、紀元前後のころ、仏教運動の新たなうねりがやってくる。すなわち大乗仏教の出現である。大乗仏教は、部派仏教を小乗仏教と呼んだのであった。

大乗仏教には、大衆部をはじめ、確かに部派の思想も入り込んでいる。しかし、教団史の観点からすれば、部派仏教とは結びつかないとの意見もある。部派仏教は出家主義なのに対し、大乗仏教は在家仏教徒をも等しく重視しているからだという。平川彰は、その大乗仏教の教団としての拠点を、仏塔教団に求めた（『初期大乗仏教の研究』春秋社）。ただし、今日ではこの説も再検討されており、その母胎としてやはり大衆部は有力視されたりしている。

初期大乗の思想は、『般若経』『華厳経』『法華経』『無量寿経』『維摩《ゆいま》経』『勝鬘《しょうまん》経』などに見ることができる。そこでは等しく、我法ともに空であること、一切法は空を本質とすることが説かれている。そして、一切の対象への執著を断じ尽くしたとき、真に自由であり、真に生き生きとした主体である自己が実現することを説いた。

大乗経典は、それぞれの系列ごとに（『般若経』系・『法華経』系というように）、それを奉じて宣布《せんぷ》する信仰集団があったのであろう。その集団がどのような形で教団を形成したのか、あるいは霧消したのか、それらのことは明らかではない。

大乗の思想の学問的究明は、ナーガールジュナにはじまる中観《ちゅうがん》派、マイトレーヤ（弥勒《みろく》）・アサンガ（無著《むじゃく》）・ヴァスバンドゥ（世親《せしん》）にはじまる瑜伽行《ゆがぎょう》派（唯識派）の二派において進展した。

両派の肌合いはかなり異なるが、いずれも一切法空の真実を覚証しようとめざす点では同じである。両派の歴史的な系譜は、順に二三三・二五一ページの表のようである。

なお、本書では詳しくは触れなかったが、唯識の学説に大きな影響を与えたディグナーガ（陳那《じんな》）は、仏教論理学を完成し、他学派（論理学を専門としたニヤーヤ学派等）にも大きな影響を与えている。この仏教論理学は、ダルマキールティ（法称《ほっしょう》）らによってさらに詳しく論じられ、ギリシアなどとは別に、独自にきわめて高度な論理学を完成させた。これらも、インド後期仏教の大きな思想的遺産である。

小乗と大乗の共存

以上は、第五章までの簡単なまとめである。ところで、大乗仏教が興起し、思想的に高度に展開したといっても、部派仏教が消滅してしまったわけではなかった。むしろ教団の勢力においては、部派仏教のほうが有力だったようである。

玄奘《げんじょう》は『大唐西域記』において、小乗を学ぶ所六十ヵ所、大乗を学ぶ所二十四ヵ所、大乗・小乗兼学の所十五ヵ所に言及している。これらからすると、多数の寺院で部派仏教が研究されていたことになる。

そしてもう少しあとの義浄《ぎじょう》（六三五―七一三）の『南海寄帰内法伝《なんかいききないほうでん》』によると、六七一年から六九五年のインド紀行のなかで見聞きした、当時の仏教界の状況について、大衆部・上座部・説一切有部・正量部の四部派がほとんどで、特に大乗のみを研究する寺院はなかったとしている。北は説一切有部、南は上座部がさかんで、東は各部派がまざるが、西は正量部が有力であったという。

これら部派教団のなかで、特に菩薩を礼拝し大乗経を学ぶものが大乗仏教徒であり、これをしないのが小乗である、というだけで、その大乗の教理を学ぶ者には、中観派と唯識派の二派があったというわけである。

いずれにせよ、寺院に拠って主に教学研究に専念していた僧は、戒律は釈尊以来伝統的にうけつがれている律（部派教団ごとに伝持）を保っていたようである。インドにおいては、釈尊以来の教団に根ざさない限り、いくら正法《しょうぼう》を鼓吹《こすい》しても、正統の仏教とは認められなかったのであろう。

一方、民衆の大乗仏教徒は、インド社会のなかではヒンドゥー教の一派とも溶《と》け合い、特にイスラームの侵入以後はヒンドゥー教に同化する形で、信仰を保っていったようである。仏教的な般若波羅蜜を崇拝する人々が、表面的には仏教徒を公称しない例も確認されている（インド南東部のオリッサ州などで行われている「法の礼拝」。一九一〇年ころに制作されたこの宗派の文献が研究された）。

密教の興隆

一方、六五〇年ころから、密教が成立してくる。それまでも、密教的な思想は大乗経典などに散見されたが、六五〇年前後の『大日経《だいにちきょう》』や『金剛頂経《こんごうちょうきょう》』の成立をもって、純正な密教の出現と見るのである。密教では、身に印《いん》を結び、口に真言を唱え、心に本尊を念じて三昧に入るとき、即身成仏《そくしんじょうぶつ》すると説く。それも瑜伽行のひとつであり、唯識の教理もかなり取り入れられている。

しかしその即身成仏の方法は、大乗仏教の修道論を批判的に乗り越えようとしたものであった。密教は釈尊の説法ではなく法身仏としての大日如来の説法に他ならないという主張にも、大乗仏教を超克しようとする姿勢が見られる。密教は、その思想の多くを大乗仏教に拠りながら、さらにそれを超えようとしているのである。

玄奘が伝えるナーランダー寺の様子に、密教は出てこない。しかし、中国に『大日《だいにち》経《きょう》』を伝えたシュバーカラシンハ（善無畏《ぜんむい》。六三七―七三五）は、ナーランダー寺で密教を授かったという。

チベットに仏教を伝えたシャーンタラクシタ（寂護《じゃくご》。七二五―七九〇年ころ）は、二回目のチベット入りには密教僧のパドマサンバヴァをつれていくが、ふたりともナーランダー寺の僧であった。小乗の戒律・大乗空観《くうがん》の学・密教の行を重んじたアティーシャ（九八二―一〇五四）は、はじめナーランダー寺で学び、のちヴィクラマシラー寺の座主《ざす》となり、一〇四二年ころにはチベットに招かれて、そうしたインド仏教を講じた。

中インドや東インドを中心に栄えたパーラ王朝（七五〇―一一九九年ころ）が密教を信奉したため、密教はその地域を中心に、永く栄えたのである。仏教の密教化は、仏教のヒンドゥー化であり、かつヒンドゥーの仏教化であるが、少なくともこのことを通じて、民衆の仏教徒のヒンドゥー化はより容易になったであろう。

パーラ王朝は、密教だけでなく仏教を支持したので、この時代、仏教はかなり栄えたのであった。ナーランダー、オーダンタプリー、ヴァジラーサナ（ブッダガヤ）、ヴィクラマシラーの地の各寺は、四大寺として、仏教研究の中心地であった。そのほかにも、ソーマプラ大寺やジャガッダラ大寺など、有力寺院があった。

　なかでもヴィクラマシラー寺（八〇〇年ころの建立）は、壮大な寺院であった。中心に大きな仏殿があり、その周囲には、五十三の密教の寺と五十四の一般の寺があり、城廓のように墻壁《しょうへき》が取り囲んでいた。ベーヤパーラ王の時代（十一世紀ころ）、ラトナーカラシャーンティ、プラジュニャーカラマティ、ジュニャーナシュリーミトラなど、「六賢門」といわれる高名の学僧がいた。

イスラーム侵攻とインド仏教の衰亡

一二〇三年、このヴィクラマシラー寺は、イスラーム勢力に破却される。これが、インド仏教の終焉とみなされるのである。城廓にこもるかのような仏教僧の一団は、イスラームにとってわかりやすい攻撃の的であった。それら多くの寺院は徹底的に破壊され、多くの僧侶が殺害されたのであった。ただし、なかにはチベットに生きのびた僧らもいた。

　なお、イスラームの進撃によって、仏教僧や仏教徒がインドに皆無となったわけではないようである。各種の報告によれば、十六世紀にも、インドの複数の地域で仏教が残存していたことが知られる。さらに前にも述べたように、ヒンドゥー教に同化する形で、仏教の信仰を存続させた者もずいぶんいたようである。

とはいっても、イスラームによる仏教僧あるいは仏教教団の迫害は、仏教にとって大きな打撃であった。

中国の仏教とチベット仏教

仏教は、そのようにインドでは滅びたが、他の国々に入ることによって、その地で生き続けることになった。

中国へは、ナーガールジュナやアサンガ、ヴァスバンドゥの思想、その後の中観・唯識二派の思想、密教等々、常にインド仏教の新しい波が流入した。また、禅や念仏といった形で、中国独自の仏教も育つことになった。

それらは、時を置かず日本に伝えられ、また、日本は日本で独自の仏教、すなわち親鸞や日蓮の宗教などを発達させた。

インド後期の仏教がかなり純粋な形で移植された国に、チベットがある。それは七六一年、チソンデツェン王の時代にシャーンタラクシタを迎えたときから始まる。シャーンタラクシタは、インド哲学各派の思想を、哲学的な主題（認識や言語等の問題）ごとに批判した著『タットヴァサングラハ』（『真理綱要』）も著した碩学である。さらに同じナーランダー寺の、カマラシーラなどもチベットに入り、チベットにおける純粋なインド仏教の伝統の礎《いしずえ》を築いた。

チベット仏教には、一方で土着の宗教と習合した流れもあり、一時、僧らの腐敗も進むが、その仏教の改革運動を起こし、ゲルク派を興《おこ》してチベット仏教を完成させたのが、ツォンカパ（一三五七－一四一九）である。ツォンカパはアティーシャに私淑し、インド中観派のチャンドラキールティの思想を重視した。修行の次第（方法と階梯）を説く『ラムリム』（『菩提道次第論』）等の大著を著している。

2　大乗仏教と日本仏教

日本仏教の各系統

次に、日本の仏教が、インドに発祥した仏教とどのような関係になるのか、まとめておこう。

日本の仏教は、奈良仏教の三論《さんろん》宗・成実《じようじつ》宗・法相《ほつそう》宗・倶舎《くしや》宗・華厳《けごん》宗・律宗（南都六宗）があり、平安仏教の天台宗・真言宗があり、さらに鎌倉新仏教の浄土宗・浄土真宗・時宗・臨済宗・曹洞宗・日蓮宗などがある。

このうち、南都六宗の倶舎宗は『倶舎論《くしやろん》』を、成実宗は『成実論《じようじつろん》』を研究する学派だが、実際は倶舎宗は法相宗の、成実宗は三論宗のなかで研究された。この倶舎宗と成実宗は大乗ではないが、他はいずれも大乗仏教である。

三論宗は、ナーガールジュナの『中論』『十二門論』、その弟子アーリヤデーヴァの『百論』の、三つの論を研究する学派で、中観派の流れを汲む。実際には、中国の嘉《か》祥《じよう》大師吉蔵《きちぞう》の教学を学ぶ。

法相宗は、ヴァスバンドゥの『唯識三十頌』を根本とする『成唯識論』の教学を研究する学派で、瑜伽行派の流れを汲む。『成唯識論』には、かの玄奘三蔵がインドから持ち帰った種々の哲学が収められている。

華厳宗は、『華厳経』に基づく思想を、中国・唐の時代の法蔵が理論的・体系的に整理した教学を学ぶ学派である。法蔵の『華厳五教章』『華厳経探玄記』が主たる聖典となる。

律宗は、各宗に共通で、教団の基礎となる戒律を学ぶのである。

次に、天台宗は、中国の隋の時代の天台智顗《ちぎ》が『法華経』を基に独自の教学を築いた、天台教学を研鑽する宗派である。しかし宗祖の最澄は、天台教学だけでなく、律・禅・密教をも取り入れていた。

真言宗は、インド大乗仏教のかなり後期（六五〇年ころ）に出現したいわゆる密教を奉じる宗派である。密教は、『大日《だいにち》経』『金剛頂《こんごうちょう》経』を所依の経典とする。宗祖の空海は、中国で恵果《けいか》から密教のすべてを相承し、『秘《ひ》密曼荼羅《みつまんだら》十住心論《じゅうじゅうしんろん》』等を著して壮大な思想体系を確立した。

鎌倉新仏教のうち、浄土教系の各宗は、『浄土三部経』を拠《よ》り所とする。なお、浄土教にもさまざまな形があるが、日本の浄土教は、中国の浄土教の歴史のなかでも特に曇鸞《どんらん》・道綽《どうしゃく》・善導《ぜんどう》の流れを汲《く》むものである。浄土宗は法然、浄土真宗は親鸞、時宗は一遍が宗祖である。一遍は、釈尊一代の説法は南無阿弥陀仏の六字の名号にすべて摂《おさ》まると説き、一切を捨て果てた遊行聖《ゆぎょうひじり》であった。

臨済宗・曹洞宗は、禅宗である。禅宗は、菩提達磨《ぼだいだるま》がインドから中国にやってきて伝えたとされる。それは中国民族のなかで育まれた仏教であり、坐禅のなかにすべての仏法が摂まっているとする。特定の経論を所依とすることはないが、『般若経』などは親しいものであろう。日本の臨済宗は栄西《ようさい》、曹洞宗は道元が宗祖である。

日蓮宗は、日蓮が当時の念仏宗の流行に対抗し、『法華経』の復権を期して天台教学を母胎に興した新宗である。『法華経』の題目＝妙法蓮華経に『法華経』のすべてが摂まっているとし、これ（南無妙法蓮華経）を口に唱える唱題行を提唱した。

なお、現代のいわゆる新宗教の中に仏教系の教団が数多く見られるが、それらには『法華経』を所依とする教団が多い。

このように、日本の仏教の多くは、論書よりも経典を拠り所とする大乗仏教であるという特徴がある。

仏教の根本にある「覚」とは？

こうしてみると、仏教の歴史は深く、その伝播した地域も広大で、さまざまな仏教の形があったことが知られる。そのどれもが仏教だといえるには、やはり何かそこに共通の要素が見出せなければならないであろう。いったい、それは何に求められるであろうか。

仏教という以上、そこにはブッダ（覚者）の覚に基づくものが説かれ、最終的に、その覚がめざされているのでなければならない。たとえ浄土教であっても、究極の目標は覚である。親鸞も、『正像末和讃《しょうぞうまつわさん》』のはじめに、「弥陀の本願信ずべし、本願信ずるひとはみな、摂取不捨の利益にて、無上覚をばさとるなり」と歌っている。

では、その無上の覚とはいったい何か。釈尊は何を覚ったのか。

これを一義的に規定することはむずかしい。すでに『阿含経』（『ニカーヤ』）や『律蔵』の「仏伝」における釈尊の覚の記述が多様である。大乗仏教では、その覚に新たな表現を与えている（『華厳経』など）。釈尊の覚の解釈は、仏教のなかで実に多様なのである。ある意味では、釈尊の覚とはこれだ、と信ずるのが仏教の各宗派であるとさえいえよう。

とはいえ、大乗仏教であれば、その覚の内容には少なくとも我も法も空であるということが含まれていなければならない。覚は、一切法空を如実に証するものである。それは、日常の自我と世界が徹底的に解体されていくことを伴う。世俗の言語・制度・無意識等の拘束の一切が、根底から打破されていくのである。そこで、真の実相を覚するとき、かえって自利利他《じりりた》円満《えんまん》、自覚覚他《じかくかくた》円満《えんまん》の主体を実現するという。空性の覚においてこそ、永遠に人々を救済してやまないような主体が成立してくる（真空妙用）。その主体は、いかなる意味でも無条件・無差別の悲用（一点無縁の大悲）にはたらくのである。大乗仏教は、その悲用との出会いを果たした人々が、その感動を語りついできたものであった。

KODANSHA

本書は一九九二年一月刊行の講談社現代新書『「覚り」と「空」』を底本とした。

竹村牧男（たけむら　まきお）

1948年東京生まれ。東京大学文学部卒業。専攻は大乗仏教思想。文化庁専門職員，三重大学助教授，筑波大学教授を歴任。筑波大学名誉教授。著書に『唯識の構造』『唯識の探求』『禅の哲学』『大乗仏教入門』『仏教は本当に意味があるのか』『般若心経を読みとく』『入門　哲学としての仏教』などがある。

講談社学術文庫

定価はカバーに表示してあります。

インド仏教《ぶつきよう》の歴史《れきし》

竹村牧男《たけむらまきお》

2004年2月10日　第1刷発行
2025年1月16日　第21刷発行

発行者　篠木和久
発行所　株式会社講談社
東京都文京区音羽2-12-21 〒112-8001
電話　編集（03）5395-3512
販売（03）5395-5817
業務（03）5395-3615
装　幀　蟹江征治
印　刷　株式会社広済堂ネクスト
製　本　株式会社国宝社

ISBN4-06-159638-1

「講談社学術文庫」の刊行に当たって

これは、学術をポケットに入れることをモットーとして生まれた文庫である。学術は少年の心を養い、成年の心を満たす。その学術がポケットにはいる形で、万人のものになることは、生涯教育をうたう現代の理想である。

こうした考え方は、学術を巨大な城のように見る世間の常識に反するかもしれない。また、一部の人たちからは、学術の権威をおとすものと非難されるかもしれない。しかし、それはいずれも学術の新しい在り方を解しないものといわざるをえない。

学術は、まず魔術への挑戦から始まった。やがて、いわゆる常識をつぎつぎに改めていった。学術の権威は、幾百年、幾千年にわたる、苦しい戦いの成果である。こうしてきずきあげられた城が、一見して近づきがたいものにうつるのは、そのためである。しかし、学術の権威を、その形の上だけで判断してはならない。その生成のあとをかえりみれば、その根は常に人々の生活の中にあった。学術が大きな力たりうるのはそのためであって、生活をはなれた学術は、どこにもない。

開かれた社会といわれる現代にとって、これはまったく自明である。生活と学術との間に、もし距離があるとすれば、何をおいてもこれを埋めねばならない。もしこの距離が形の上の迷信からきているとすれば、その迷信をうち破らねばならぬ。

学術文庫は、内外の迷信を打破し、学術のために新しい天地をひらく意図をもって生まれた。文庫という小さい形と、学術という壮大な城とが、完全に両立するためには、なおいくらかの時を必要とするであろう。しかし、学術をポケットにした社会が、人間の生活にとってより豊かな社会であることは、たしかである。そうした社会の実現のために、文庫の世界に新しいジャンルを加えることができれば幸いである。

一九七六年六月

野間省一